Veronika Pichl

EINFACH Breifrei

Veronika Pichl

EINFACH Breifrei

Das Kochbuch für Baby Led Weaning und Beikoststart

riva

Bibliografische Information der Deutschen Nationalbibliothek
Die Deutsche Nationalbibliothek verzeichnet diese Publikation in der Deutschen Nationalbibliografie. Detaillierte bibliografische Daten sind im Internet über https://dnb.de abrufbar.

Für Fragen und Anregungen
info@m-vg.de

Wichtige Hinweise
Dieses Buch ist für Lernzwecke gedacht. Es stellt keinen Ersatz für eine individuelle medizinische Beratung dar und sollte auch nicht als solcher benutzt werden. Wenn Sie medizinischen Rat einholen wollen, konsultieren Sie bitte einen qualifizierten Arzt. Der Verlag und der Autor haften für keine nachteiligen Auswirkungen, die in einem direkten oder indirekten Zusammenhang mit den Informationen stehen, die in diesem Buch enthalten sind.

Ausschließlich zum Zweck der besseren Lesbarkeit wurde auf eine genderspezifische Schreibweise sowie eine Mehrfachbezeichnung verzichtet. Alle personenbezogenen Bezeichnungen sind somit geschlechtsneutral zu verstehen.

Originalausgabe
1. Auflage 2023

Türkenstraße 89
80799 München
Tel.: 089 651285-0
Fax: 089 652096

Redaktion: Caroline Kazianka
Umschlaggestaltung: Monika Tomaszewka
Umschlagabbildungen: Stephanie Just
Satz: Christiane Schuster | www.kapazunder.de
Druck: Florjancic Tisk d.o.o., Slowenien
Printed in the EU

ISBN Print 978-3-7423-2436-8
ISBN E-Book (PDF) 978-3-7453-2201-9
ISBN E-Book (EPUB, Mobi) 978-3-7453-2202-6

Inhalt

Der gesunde Start in die breifreie Beikost 9

Vorwort 11

Was ist Baby Led Weaning? 12

Baby Led Weaning vs. Breikost 12
Vorteile von Baby Led Weaning 13
Ängste und Sorgen bei Baby Led Weaning 14
Sichere Essumgebung für Baby Led Weaning 15

Beikoststart mit Baby Led Weaning – so geht's! 16

Wann ist das Baby bereit? 16
So gelingt der Beikoststart 18
Welche Lebensmittel sind geeignet? 19
Fleisch, Huhn und Fisch für Babys 22
Die richtige Ausstattung 24

Zum Umgang mit den Rezepten 26

Leckeres mit Gemüse 29

Gemüsebrühepulver 30
Gemüse-Pommes 33
Spinatpfannkuchen 34
Kürbiswaffeln 37
Brokkoli-Kroketten 38
Gemüse-Spinat-Bällchen 41
Erbsen-Pancakes 42
Gebackene Avocadospalten 45
Gemüse-Hafer-Puffer 46
Spinatpuffer 49

Blumenkohl-Fritters 50
Buntes Gemüsegulasch 53
Gemüsemuffins 54
Kürbisfalafel 57

Süßspeisen 59

Apfelkekse 60
Apfelschnitten 63
Bananen-Pancakes 64
Oatmeal-Muffins 67
French-Toast-Sticks 68
Grießtaler 71
Apfel-Karotten-Cookies 72
Apfel-Karotten-Waffeln 75
Beeren-Haferflocken-Riegel 76

Couscous, Grieß, Hirse und Nudeln 79

Hirse-Karotten-Frikadellen 80
Hirse-Kürbis-Porridge 83
Linsen-Gemüse-Happen 84
Hirse-Gemüse-Pfanne 87
Brokkoli-Couscous-Frikadellen 88
Couscous mit Zucchini und Karotte 91
Nudeln mit Blumenkohl-Bolognese 92
Avocado-Nudeln 95

Gerichte mit Fleisch, Fisch und Huhn 97

Hackbällchen oder Mini-Frikadellen mit Gemüsesticks 98
Gemüse-Filet-Auflauf 101
Fleisch auf Vorrat 103
Kartoffel-Lachs-Bällchen 105

Fischstäbchen mit Kartoffel-Wedges ... 106
Nudeln mit Lachs und Brokkoli ... 109
Lachs- oder Fischfrikadellen ... 110
Gemüsenudeln mit Hähnchen ... 113
Hähnchen-Pastinaken-Kroketten ... 114

Brot, Brötchen, Gebäck ... 117

Mini-Croissants ... 118
Knusperstangen ... 121
Süßkartoffelbrot ... 122
Bananenbrot ... 125
Vollkorn-Toastbrot ... 126
Naanbrot ... 129
Softe Brötchen ... 130

Gesunde Dips und Aufstriche ... 133

Süßkartoffel-Linsen-Aufstrich ... 134
Erbsen-Aufstrich ... 137
Kürbishummus ... 138
Fruchtaufstrich ... 141

Bonusmaterial zum Buch ... 142

Über die Autorin ... 142

Zutatenregister ... 143

Der gesunde Start in die

breifreie Beikost

Vorwort

Generationen von Müttern haben ihre Babys mit Brei gefüttert und tun es auch heute noch. Schließlich haben Babys keine Zähne, wenn sie etwa ein halbes Jahr alt sind und mit der Beikost beginnen. Es war und ist also naheliegend, mit pürierten Mahlzeiten zu starten. Die Vorteile sind klar: Das Baby kann den Brei auch ohne Zähne gut essen, und die Eltern haben die Kontrolle, da sie das Baby mit dem Löffel füttern.

Mittlerweile gewinnt Baby Led Weaning, also der breifreie Beikoststart, allerdings immer mehr an Beliebtheit bei Eltern, Ärzten und Ärztinnen und Expert*innen. Der breifreie Beikoststart ist sicher, familienfreundlich und einfach, solange man sich an einige Grundprinzipien hält. Das Baby sitzt im Hochstuhl mit am Tisch und isst eine Auswahl an Lebensmitteln, die auch der Rest der Familie genießt. Es kann zuckerfreies Fingerfood probieren und verschiedene Obst- und Gemüsesorten in Stücken kennenlernen.

In diesem Ratgeber erfahren Sie, wie Sie Ihr Kleinkind entspannt auf dem Weg zum selbstständigen Essen unterstützen können. Mit grundlegenden Informationen zum Baby Led Weaning, praxiserprobten Ratschlägen und schmackhaften, familienfreundlichen Rezepten.

Was ist Baby Led Weaning?

Baby Led Weaning (BLW), auch bekannt als der breifreie Beikoststart, ist eine Methode, bei der Babys ab dem Alter von etwa sechs Monaten eigenständig feste Nahrung entdecken und essen dürfen. Anstatt ihnen pürierte oder zerkleinerte Lebensmittel anzubieten, werden Babys im Hochstuhl mit am Tisch platziert und erhalten die Möglichkeit, selbstständig zu essen und ihre motorischen Fähigkeiten zu entwickeln. Bei Baby Led Weaning geht es darum, Babys in ihrer natürlichen Neugier und ihrem eigenen Tempo zu unterstützen, während sie die Vielfalt der Nahrungsmittel kennenlernen.

Baby Led Weaning vs. Breikost

Der Hauptunterschied zwischen Baby Led Weaning und der traditionellen Breikost besteht in der Konsistenz der Nahrungsmittel und der Art und Weise, wie sie dem Baby angeboten werden. Wörtlich übersetzt bedeutet Baby Led Weaning so viel wie »vom Baby gesteuerte Entwöhnung« von der Muttermilch. Das Baby bekommt, wenn es zum ersten Mal Beikost isst, keinen Brei, sondern es darf schon relativ früh am Familientisch mitessen. Möglich wird das durch eine besondere Auswahl der Lebensmittel. Natürlich darf ein Baby, das zum ersten Mal etwas anderes bekommt als Muttermilch, nicht gleich ein Schnitzel essen. Mehr dazu erfahren Sie auf S. 18.

Vorteile von Baby Led Weaning

Baby Led Weaning bietet eine Reihe von Vorteilen für die gesamte Familie:

- Mit BLW entfällt die Notwendigkeit, separate Babynahrung zu pürieren oder zu mixen. Eltern können einfach die gesunden Familienmahlzeiten zubereiten und den Babys geeignete Stücke davon anbieten.
- Durch das eigenständige Greifen von Nahrungsmitteln und das Essen in ihrem eigenen Tempo können Babys ihre motorischen Fähigkeiten und ein Gefühl der Selbstständigkeit beim Essen entwickeln.
- BLW ermöglicht es Babys, eine Vielzahl von Nahrungsmitteln mit unterschiedlichen Texturen und Geschmäckern zu erkunden. Dies kann ihre Akzeptanz für verschiedene Lebensmittel erhöhen und zu einer vielseitigeren Ernährung beitragen.
- Durch Fingerfood wird die Feinmotorik der Babys gefördert, da sie lernen, Nahrungsmittel zu greifen, zu halten und zum Mund zu führen.
- Da BLW Babys ermutigt, auf ihre eigenen Hunger- und Sättigungszeichen zu achten, kann dies dazu beitragen, gesunde Essgewohnheiten zu entwickeln und das Risiko von Überfütterung und Fütterungsproblemen zu reduzieren.
- BLW ermöglicht es Babys, von Anfang an bei Familienmahlzeiten dabei zu sein. Dies fördert eine positive Esskultur und stärkt die sozialen Bindungen innerhalb der Familie.

Ängste und Sorgen bei Baby Led Weaning

Manche Eltern spüren Ängste und Sorgen, wenn es um Baby Led Weaning geht. Hier sind einige der häufigsten aufgeführt:

- Da das Baby selbstständig essen soll, besteht die Sorge, dass es sich verschlucken oder ersticken könnte. Babys entwickeln aber in der Regel die Fähigkeit, feste Nahrung sicher zu kauen und zu schlucken. Dennoch sollte immer unter Aufsicht gegessen werden, und bestimmte Nahrungsmittel, die ein erhöhtes Verschluckungsrisiko mit sich bringen, sollten vermieden werden.

- Manche Eltern befürchten, dass ihr Baby das Interesse am Essen von fester Nahrung verliert oder sich weigert, diese zu sich zu nehmen, weil es bei den ersten Essversuchen noch überfordert ist. Natürlich beziehen Babys im ersten Lebensjahr einen Großteil ihrer Nährstoffe noch aus Muttermilch oder Säuglingsmilch und eine Umstellung kann schwierig sein. Umso wichtiger ist es, verschiedene Nahrungsmittel entspannt und positiv einzuführen.

- Eltern sind besorgt, dass ihre Babys möglicherweise nicht genügend Nährstoffe aus fester Nahrung erhalten, insbesondere wenn sie zu Beginn nur kleine Mengen essen oder bestimmte Nahrungsmittel ablehnen. Um dem zu begegnen, ist es wichtig, eine ausgewogene Ernährung anzubieten und das Baby in seinem eigenen Tempo erkunden zu lassen.

- Beim Baby Led Weaning werden viele verschiedene Lebensmittel eingeführt, was die Sorge vor allergischen Reaktionen verstärken kann. Es ist ratsam, mit potenziell allergenen Lebensmitteln schrittweise und einzeln zu beginnen, um zu sehen, wie das Baby darauf reagiert. Existieren in der Familie Allergien kann es sinnvoll sein, mit einer Kinderärztin oder einem Kinderarzt über das geeignete Vorgehen zu sprechen.

Sichere Essumgebung für Baby Led Weaning

Ein sicherer Umgang mit Baby Led Weaning umfasst mehrere Aspekte. Hier sind einige Richtlinien, um die Sicherheit zu gewährleisten:

- Wählen Sie Lebensmittel aus, die für das Baby sicher zu greifen und zu kauen sind. Achten Sie darauf, dass Ihr Baby die Beikostreifezeichen (siehe S. 16) erfüllt.
- Verwenden Sie keine Lebensmittel, die ein erhöhtes Erstickungsrisiko darstellen, wie zum Beispiel ganze Nüsse, harte Rohkost oder Lebensmittel mit kleinen Knochen. Achten Sie darauf, dass die Konsistenz weich genug ist, um leicht gekaut und geschluckt zu werden.
- Lassen Sie das Baby niemals unbeaufsichtigt. Bleiben Sie während der Mahlzeiten in der Nähe, um mögliche Erstickungsgefahren schnell erkennen und eingreifen zu können.
- Stellen Sie sicher, dass das Baby in einer aufrechten Position sitzt, um das Risiko von Verschlucken zu verringern. Verwenden Sie idealerweise einen Hochstuhl.
- Wenn es in der Familie allergische Reaktionen oder Nahrungsmittelunverträglichkeiten gibt, informieren Sie sich über die entsprechenden Lebensmittel und beobachten Sie das Baby sorgfältig auf allergische Reaktionen.
- Waschen Sie Obst und Gemüse gründlich, um Bakterien oder Schadstoffe zu entfernen. Verwenden Sie am besten immer Bio-Lebensmittel. Achten Sie auch darauf, dass das Baby saubere Hände hat, bevor es mit dem Essen beginnt.
- Geben Sie dem Baby genügend Zeit, um essen zu lernen und seine Fähigkeiten zu entwickeln. Seien Sie geduldig und unterstützen Sie Ihr Kind in seinem individuellen Tempo.

Beikoststart mit Baby Led Weaning – so geht's!

Wann ist das Baby bereit?

Es gibt bestimmte Anzeichen, die darauf hinweisen, dass ein Baby bereit für den Beikoststart ist. Diese Anzeichen werden als Beikostreifezeichen bezeichnet und umfassen unter anderem folgende Punkte:

- Das Baby kann seinen Kopf selbstständig halten und stabilisieren.
- Das Baby drückt nicht mehr automatisch seine Zunge heraus, wenn etwas in seinen Mund gelangt (Verlust des Zungenstoßreflexes).
- Das Baby zeigt Interesse am Essen, beobachtet und versucht, nach den Lebensmitteln zu greifen.
- Das Baby kann Gegenstände mit der Hand nehmen und zum Mund führen.

Muss mein Baby bei BLW schon den Pinzettengriff anwenden können?

Obwohl der Pinzettengriff hilfreich sein kann, um kleine Lebensmittelstücke mit Daumen und Zeigefinger zu greifen, ist er nicht unbedingt erforderlich. Manche Babys beherrschen den Pinzettengriff erst nach einiger Zeit (8 bis 10 Monate), während sie ihre motorischen Fähigkeiten weiterentwickeln.

Beim BLW können Babys grundsätzlich verschiedene Techniken anwenden, um Nahrung zu greifen und in den Mund zu bringen. Dies kann beispielsweise durch Faustgriffe oder das Greifen größerer Stücke mit der ganzen Hand geschehen.

Das wichtigste Ziel beim BLW ist es, dem Baby die Möglichkeit zu geben, selbstständig zu erkunden, zu essen und seine motorischen Fähigkeiten zu entwickeln.

Es ist wichtig, die Beikostreifezeichen zu beachten und im Blick zu behalten, wie gut das Baby feste Nahrung verträgt und darauf reagiert. Jedes Baby ist einzigartig und kann unterschiedliche Bedürfnisse und Entwicklungszeiten haben.

Kann mein Baby auch ohne Zähne essen?

Es ist nicht erforderlich, dass Ihr Baby bereits Zähne hat, um mit Baby Led Weaning (BLW) zu beginnen.

Beim BLW werden Lebensmittel in einer für das Baby geeigneten Form angeboten. Anfangs können weiche Lebensmittel wie gekochtes Gemüse, Obststücke oder Avocados verwendet werden, die das Baby leicht mit dem Zahnfleisch kauen oder lutschen kann.

Babys haben natürliche Kau- und Lutschbewegungen, die sie dazu befähigen, Nahrung zu verarbeiten, selbst wenn sie noch keine Zähne haben. Sie können das Essen mit dem Zahnfleisch quetschen, saugen oder mit den vorhandenen Kaumuskeln arbeiten.

Es ist wichtig, sicherzustellen, dass die angebotenen Lebensmittel weich genug und in einer für das Baby handhabbaren Größe zugeschnitten sind, um das Risiko des Verschluckens zu minimieren. Mit der Zeit und wenn das Baby älter wird, werden Zähne wachsen und es wird dann besser in der Lage sein, auch festere Nahrung zu kauen.

So gelingt der Beikoststart

Wenn Ihr Baby die Beikostreifezeichen erfüllt, können Sie mit Baby Led Weaning beginnen. Im Unterschied zur herkömmlichen Beikost mit Brei gibt es beim BLW keine vorgefertigten Pläne, die genau vorschreiben, was, wann und wie gefüttert werden soll. Das kann einerseits sehr befreiend sein, andererseits stellen sich viele Eltern auch die Frage: Wie fängt man eigentlich genau mit BLW an? Hier sind einige Rahmenbedingungen für den Start:

- Wählen Sie weiche Lebensmittel aus, die in eine für das Baby gute Größe geschnitten werden können. Dazu eignen sich zum Beispiel gekochtes Gemüse (wie Kartoffeln, Karotten, Süßkartoffeln oder Brokkoli), weiche Früchte (wie Bananen oder Avocado) und weiche Proteine (wie gekochte Hühnchen- oder Fischstücke).

- Schneiden Sie die Lebensmittel in fingerfreundliche Stücke oder Streifen, damit Ihr Baby sie gut greifen und selbstständig essen kann. Achten Sie darauf, dass die Stücke groß genug sind, um ein Verschlucken zu vermeiden, aber auch klein genug, damit das Baby sie gut im Mund halten kann.

- Bei der Zubereitung der Lebensmittel ist es wichtig, dass sie weich genug sind, um gekaut zu werden. Dazu können Sie die Lebensmittel dämpfen, kochen, backen oder in den Ofen geben. Achten Sie darauf, dass sie gut abgekühlt sind, bevor Sie sie dem Baby anbieten.

- Legen Sie die vorbereiteten Lebensmittel vor Ihr Baby auf den Tisch oder auf einen Teller. Lassen Sie Ihr Baby selbst entscheiden, was es essen möchte, und ermutigen Sie es dabei, die Lebensmittel selbst zu greifen und zum Mund zu führen.

- Beobachten Sie Ihr Baby während des Essens genau und seien Sie bereit, bei Bedarf einzugreifen. Stellen Sie sicher, dass das Baby in einer aufrechten Position sitzt und sich nicht nach vorne oder zur Seite lehnen kann, um das Risiko des Verschluckens zu minimieren.

- Wenn sich Ihr Baby an das Essen gewöhnt hat, können Sie nach und nach neue Lebensmittel einführen, um die Geschmacksvielfalt zu erweitern. Beobachten Sie mögliche allergische Reaktionen sorgfältig.

Denken Sie daran, dass es eine gewisse Zeit dauern kann, bis Ihr Baby sich an das Essen fester Nahrung gewöhnt hat. Erlauben Sie ihm, in seinem eigenen Tempo zu essen und seine Vorlieben zu entdecken. Wenn Ihr Baby ein bestimmtes Nahrungsmittel nicht mag, sollten Sie es immer wieder mal anbieten. Manchmal dauert es einfach, bis es sich an den neuen Geschmack gewöhnt hat. Erwarten Sie nicht, dass Ihr Kind sofort große Mengen isst, und betrachten Sie den Beikoststart als Lernprozess.

Welche Lebensmittel sind geeignet?

Bei Baby Led Weaning ist es wichtig, dem Baby geeignete Nahrungsmittel anzubieten, die es sicher greifen und selbstständig essen kann. Hier sind einige Beispiele dafür:

- Am besten geeignet ist zu Beginn dampfgegartes Gemüse ohne Schale wie Karotten, Pastinaken, Zucchini und Kartoffeln.
- Früchte sind ebenfalls möglich, zum Beispiel Banane, Birne, gedämpfter Apfel, Beeren, Avocado oder weiche, kernlose Melone. Eben all jene Dinge, die weich sind und die das Baby auch ohne Zähne quasi lutschen kann.
- Nach und nach kann Babys Speiseplan dann um weiches Brot, Nudeln, Reis, butterweiches Fleisch und Fisch erweitert werden. Möglich ist theoretisch fast alles, was weich genug ist oder weich gegart wird.
- Was nicht geht, sind Lebensmittel, die das Kind einatmen könnte (Erbsen zum Beispiel, diese nur püriert anbieten), sowie rohes Fleisch, roher Fisch, Rohmilchkäse etc.
- Buchweizen, Amarant und Quinoa sollten erst nach und nach und nur in geringen Mengen gegeben werden.

- Auf Salz, scharfe Gewürze und Zucker sollten Sie im ersten Jahr komplett verzichten.
- Fertiggerichte sollten Sie ebenfalls das gesamte erste Jahr meiden (und gerne auch darüber hinaus), denn sie enthalten meist viel Salz, Zucker oder ungesunde Nahrungszusätze.

Was sollte man beim Würzen bzw. Süßen beachten?

Bei der Zubereitung von Mahlzeiten für Babys unter einem Jahr wird empfohlen, kein Salz und keinen Zucker zu verwenden.

Würzen Sie die Baby-Led-Weaning-Gerichte mit milden Gewürzen wie Zimt, Kurkuma, Ingwer, Koriander oder Kreuzkümmel. Starten Sie mit kleinen Mengen und beobachten Sie, wie Ihr Baby darauf reagiert.

Frische Kräuter wie Petersilie, Basilikum, Dill oder Minze in geringen Mengen können den Gerichten einen frischen Geschmack verleihen. Sie können sie fein hacken und über die Lebensmittel streuen oder in die Mahlzeiten einarbeiten.

Verwenden Sie reife und süße Früchte, um den Gerichten eine natürliche Süße zu verleihen. Zum Beispiel können Bananen, reife Beeren oder Mangos püriert und in Gerichte integriert werden. Zimt oder Vanille können den Gerichten ebenfalls eine süße Note geben.

Beobachten Sie die Reaktion Ihres Babys auf verschiedene Gewürze und Aromen. Starten Sie mit kleinen Mengen und erhöhen Sie diese nach und nach, um sicherzustellen, dass Ihr Baby sie gut verträgt.

Was ist mit Milch und Milchprodukten?

Babys unter einem Jahr sollten nicht mehr als 200 ml Kuhmilch pro Tag trinken. Im herkömmlichen Beikostansatz mit Brei wird dies oft über den Vollmilch-Getreide-Brei erreicht, der üblicherweise abends gefüttert wird. Auch beim Baby Led Weaning können Kuhmilch und Milchprodukte in Maßen verwendet werden. Allerdings nur in verarbeiteter Form und nicht als Getränk.

Es ist wichtig zu betonen, dass Kuhmilch in keiner Weise Muttermilch oder Säuglingsnahrung (Pre- oder »1er«-Milch) ersetzt. Kuhmilch sollte als Teil der Beikost betrachtet werden. Muttermilch spielt im ersten Lebensjahr die Hauptrolle in der Ernährung des Babys und sollte nach Bedarf gegeben werden. Beikost ergänzt diese Ernährung und ist nicht dazu gedacht, die Muttermilch zu ersetzen.

Was bedeutet »Milch in verarbeiteter Form«?

Der Begriff »Milch in verarbeiteter Form« bezieht sich darauf, dass Babys unter einem Jahr keine Kuhmilch als Getränk erhalten sollten. Stattdessen kann diese als Zutat in verschiedenen Gerichten verwendet werden. Zum Beispiel im Milch-Getreide-Brei, in Pancakes, Muffins, Waffeln oder anderen Backwaren, in kleinen Mengen in Soßen usw. Der Grund dafür ist, dass das Erhitzen der Milch die Eiweiße leichter verdaulich macht. Das Gleiche gilt für fermentierte Milchprodukte wie zum Beispiel Joghurt.

Fleisch, Huhn und Fisch für Babys

Fleisch, Huhn und Fisch sind gute Quellen für Eisen und andere wichtige Nährstoffe. Wenn Ihr Baby bereit ist, feste Nahrung zu essen, und Sie schon andere Lebensmittel wie Gemüse und Obst über Baby Led Weaning eingeführt haben, können Sie auch Fleisch, Huhn und Fisch in die Ernährung einbeziehen. Hier sind einige Optionen, die sich für BLW eignen:

- Gekochtes oder gebratenes Hühnerfleisch in etwa fingerdicke Streifen oder 1 cm dicke Scheiben schneiden. Achten Sie immer darauf, dass das Fleisch keine kleinen Knochen oder Haut enthält. Auch einen zarten, durchgebratenen Hähnchenschenkel ohne Haut kann das Baby gut greifen und dann daran knabbern.
- Mageres Rindfleisch oder mageres Schweinefleisch wie zum Beispiel Schweinefilet können Sie ebenso in Streifen oder Scheiben schneiden.
- Hackfleisch von Rind, Schwein oder Huhn finden bei BLW ihre Verwendung in Hackbällchen, kleinen Frikadellen, Kroketten mit Gemüse oder in Soßen.

- Fisch wie Lachs oder Kabeljau kann man in Streifen geschnitten oder in Kroketten anbieten. Geeignet sind beispielsweise Lachs oder Kabeljau. Wichtig ist, dass alle Gräten entfernt sind.

Stellen Sie sicher, dass Fleisch, Huhn und Fisch immer gut durchgegart sind. Dabei sollte das Fleisch zart und saftig bleiben, um eine angenehme Textur für das Baby zu haben, und weich genug sein, damit Ihr Baby es kauen und schlucken kann.

Wie bei allen Lebensmitteln für Ihr Baby ist es ratsam, qualitativ hochwertige Bio-Qualität zu verwenden. Auf Salz oder scharfe Gewürze sollten sie unbedingt verzichten. Anfangs lutschen die Babys das Fleisch oft nur aus und nehmen so die Nährstoffe auf. Mit der Zeit können sie kleine Stücke abbeißen und darauf herumkauen, bevor sie es schlucken.

Sie können gerne Fleisch, Fisch und Huhn zu veganen oder vegetarischen Mahlzeiten in diesem Buch kombinieren, wenn Sie das möchten. Reichen Sie einfach eine geringe Menge Fleisch zum Gericht Ihres Babys (siehe S. 103) oder braten Sie Ihr Steak oder Filetmedaillon zunächst ohne Gewürze an, schneiden etwas für die Babyportion ab und würzen Ihre Portion dann nach. Es kann mehrere Versuche benötigen, bis Ihr Baby die Textur und den Geschmack von Fleisch oder Fisch akzeptiert. Auch hier gilt: von Zeit zu Zeit immer wieder mal anbieten.

Die richtige Ausstattung

Für Baby Led Weaning benötigt man nicht unbedingt eine spezielle Ausstattung. Im Folgenden finden Sie einige grundlegende Dinge, die allerdings hilfreich sein können:

- Ein Hochstuhl, um Ihr Baby sicher beim Essen zu halten und es in einer aufrechten Position zu unterstützen.
- Große, abwaschbare Lätzchen, zum Beispiel mit Ärmeln, sind sehr praktisch, um die Kleidung sauber zu halten.

- Kleine, rutschfeste Teller und kindgerechte Bestecksets können dem Baby das Essen erleichtern.
- Das selbstständige Essen führt anfangs oft zu einer »Pantschereiʺ. Daher empfiehlt es sich, feuchte Waschlappen griffbereit zu haben, um das Gesicht und die Hände Ihres Babys nach dem Essen sauber zu machen.

Entspannt begleiten zum selbstständigen Essen

Der Schlüssel zum Erfolg mit Baby Led Weaning liegt darin, Ihr Baby entspannt auf seinem Weg zum selbstständigen Essen zu begleiten. Seien Sie geduldig, unterstützen Sie Ihr Baby bei seinen ersten Versuchen und akzeptieren Sie, dass es nicht immer alles und anfangs auch nur sehr wenig essen wird. Bieten Sie ihm weiterhin Muttermilch oder Säuglingsnahrung als Hauptnahrungsquelle an, um sicherzustellen, dass es alle notwendigen Nährstoffe erhält.

Seien Sie auch offen für Veränderungen und passen Sie Ihre Methode den Bedürfnissen Ihres Babys an. Jedes Baby entwickelt sich unterschiedlich, und es ist wichtig, auf die Signale und das Verhalten Ihres Kindes zu achten.

Baby Led Weaning kann eine aufregende und lohnende Methode sein, um Ihr Baby in seiner Entwicklung zu unterstützen. Mit den nötigen Informationen, der richtigen Vorbereitung und einer entspannten Einstellung können Sie diese Methode erfolgreich umsetzen und Ihr Baby gut auf dem Weg zum selbstständigen Essen begleiten.

Auf den nachfolgenden Seiten finden Sie nun leckere und familienfreundliche BLW-Rezepte für die entspannte Beikosteinführung. Viel Freude und Erfolg beim Ausprobieren!

Zum Umgang mit den Rezepten

Die Rezepte sind oft für einen Erwachsenen und ein Baby konzipiert. Erhöhen Sie die Mengen einfach nach Bedarf, zum Beispiel beim Kochen für eine vierköpfige Familie. Viele Rezepte werden auch mit einer Stück- oder Scheibenanzahl angegeben.

Breifrei-Checklisten und Wochenplan-Vorlagen zum Planen Ihrer Mahlzeiten finden Sie auf der Bonusseite zum Buch unter **happyfitfood.de/breifrei**.

Zu jedem Rezept werden Nährwerte angegeben:

- kcal steht für Kilokalorien
- KH für Kohlenhydrate
- F für Fett
- P für Protein

Außerdem sind die Rezepte verschiedenen Kategorien zugeordnet, damit Sie immer sofort erkennen können, welches Gericht mit Fisch, Fleisch, vegetarisch, vegan oder glutenfrei ist. Mit den folgenden Symbolen sind sie übersichtlich gekennzeichnet:

Fisch

Fleisch

Geflügel

Vegan

Vegetarisch

Milcheiweißfrei

Glutenfrei

Glutenfrei: Bitte achten Sie bei den Produkten immer auf das Etikett, besonders bei Leckerem mit Gemüsebrühe, Gewürzen etc. Auch wenn diese Zutaten meist frei von Gluten sind, können von den Herstellern bestimmte Zusätze verwendet werden, die nicht glutenfrei sind.

Für Babys gibt es andere Würzvorschläge als für die Großen. Mein Tipp: Trennen Sie die Baby-Portion und die Portion für die Großen, zum Beispiel auf einem Backblech durch einen Streifen aufgerollte Alufolie, oder geben Sie eine Portion in eine feuerfeste Form, die sie mit auf das Blech stellen. Braten Sie erst die Babyportion in der Pfanne heraus und danach die Portion für die Großen. Sie müssen nicht unterschiedlich würzen und können Ihre Portion auch später noch mit Salz, Pfeffer etc. nachwürzen.

Bei den Rezepten finden Sie zudem einen Hinweis, ob Sie das Gericht Ihrem Baby ab Beikostreife anbieten können oder erst nachdem es den Pinzettengriff anwenden kann.

Leckeres mit Gemüse

Gemüsebrühepulver

Für 200–250 g Pulver

Zutaten:
4 Karotten
½ Knollensellerie
2 Stangen Lauch
100 g Champignons
2 Knoblauchzehen
2 Zwiebeln
1 Bund Petersilie
1 Bund Bohnenkraut

1. Backofen auf 80 °C Umluft vorheizen und 2 Backbleche mit Backpapier auslegen.
2. Gemüse waschen, evtl. schälen, putzen und in grobe Stücke schneiden.
3. Knoblauch und Zwiebel schälen und grob zerkleinern.
4. Kräuter waschen, trocken schütteln und klein zupfen.
5. Die vorbereiteten Zutaten in einer Küchenmaschine zu einer Paste zerkleinern. Dann dünn auf die Backbleche streichen.
6. Bleche in den Ofen schieben und Masse 5–7 Stunden trocknen lassen. Dabei einen Kochlöffel oder Topflappen in die Ofentür klemmen, damit die Feuchtigkeit entweichen kann. Alternativ die Ofentür immer wieder mal öffnen. Während der Trocknung Masse mehrmals wenden.
7. Bleche aus dem Ofen holen und Masse vollständig abkühlen lassen.
8. Getrocknetes Gemüse in einer Küchenmaschine oder Kaffeemühle fein mahlen. Dann in ein verschließbares Gefäß füllen und kühl lagern.

Tipp:

Zum Trocknen kann man auch einen Dörrautomaten verwenden oder im Sommer die Sonne nutzen. Das Gemüsebrühepulver ist mehrere Monate haltbar. Für eine Gemüsebrühe verwendet man ca. 2 TL pro 500 ml Wasser.

Gemüse-Pommes

Für 1 Baby und 1 Erwachsenen

Gesamtkalorien: 325 kcal | 43,7 g KH | 4,9 g P | 11,4 g F

Zutaten:
250 g Pastinaken
200 g Karotten
2 EL Öl, z. B. Rapsöl

Würzvorschläge:
Baby-Portion: edelsüßes Paprikapulver, Kurkumapulver, getrocknete Kräuter wie Basilikum, Oregano
Für die Großen: Salz, Pfeffer, rosenscharfes Paprikapulver etc.

1. Backofen auf 180 °C Umluft vorheizen.
2. Gemüse waschen, evtl. schälen, putzen und in Stäbchenform schneiden. In eine Schüssel geben und mit Öl vermischen.
3. Nach Belieben unterschiedlich würzen (für das Baby und für die Großen) und evtl. wegen der Gewürze getrennt voneinander auf 1–2 Blech(e) verteilen.
4. Blech(e) in den Ofen schieben und Pommes 15–20 Minuten braten. Während der Backzeit einmal wenden.

Tipps:

Grob geschnittene Gemüse-Pommes **ab Beikostreife**, feiner geschnitten ab Pinzettengriff. Für eine griffige Form kann man auch einen Wellenschneider verwenden.

Es eignet sich auch anderes Gemüse wie zum Beispiel Kartoffeln, Kohlrabi oder Süßkartoffeln.

Zur Babyportion schmecken die Aufstriche und Dips ab S. 133, zur ***Erwachsenenportion*** Salsa oder ein Kräuter-Joghurt-Dip. Die Pommes sind auch eine sehr gute Beilage.

Spinatpfannkuchen

Für 6 Stück

pro Stück: 112 kcal | 15 g KH | 5 g P | 3,3 g F

*

Zutaten:
70 g Blattspinat
180 ml Milch oder Pflanzendrink, z. B. ungesüßter Mandeldrink
120 g Mehl, z. B. Dinkelmehl Type 630
1 Ei
5–10 EL Mineralwasser
2 TL Öl, z. B. Rapsöl

Würzvorschläge:
Baby-Portion: Kurkumapulver
Für die Großen: Salz, Pfeffer etc.

1. Spinat waschen und abtropfen lassen, dann grob hacken. Mit Milch oder Pflanzendrink in einen Standmixer geben und pürieren.
2. Mehl, Ei und 5 EL Mineralwasser zugeben und mixen. Evtl. noch mehr Wasser hinzufügen, damit ein flüssiger Teig entsteht. Teig nach Belieben unterschiedlich würzen (für Baby und für die Großen).
3. Öl portionsweise in einer Pfanne erhitzen, 1 kleine Schöpfkelle Teig in die Pfanne geben und durch Schwenken verteilen. Wenn die Unterseite des Teigs gebräunt ist, Pfannkuchen wenden und fertig backen.
4. Vorgang so oft wiederholen, bis der Teig aufgebraucht ist. Dazwischen immer etwas Öl in die Pfanne geben.

*** mit Pflanzendrink milcheiweißfrei**

Tipps:

Ab Beikostreife geeignet.

Dazu können zum Beispiel Kirschtomaten gegessen werden. Für das Baby sollten sie halbiert oder geviertelt sein. Die Tomate wird »ausgelutscht« und die Schale ausgespuckt. Da Spinat ein nitrathaltiges Gemüse ist, sollten die Pfannkuchen nicht aufgewärmt werden. Sie schmecken aber auch kalt. In den Teig kann man noch 1 TL frisch gehackte Kräuter wie Petersilie oder Thymian einrühren. Zur ***Portion für die Großen*** schmeckt mit Salz und Pfeffer gewürzter Joghurt oder man kann die Pfannkuchen nach Belieben mit Kräuterquark oder Frischkäse und Gemüse füllen.

Tipps:

Ab Beikostreife geeignet.

Für eine herzhafte Version kann man noch frisch gehackte Kräuter wie Petersilie oder Oregano oder 1 EL geriebenen Parmesan unter den Teig heben. Für eine süßere Version Wasser durch Milch oder Pflanzendrink ersetzen, 1 TL Zimt und ***für die Großen*** noch 1 TL Honig oder Süßungsmittel nach Belieben zugeben.

Kürbiswaffeln

Für 6 große Herzwaffeln oder 15 kleine Waffeln

pro kleine Waffel: 75 kcal | 8,4 g KH | 1,8 g P | 3,6 g F

Zutaten:

150 g Kürbis, z. B. Hokkaido-Kürbis
130 ml Wasser
50 ml Öl, z. B. Rapsöl plus 1 EL für das Waffeleisen
1 Ei
150 g Mehl, z. B. Dinkelmehl Type 630 oder Dinkelvollkornmehl
1 TL Backpulver

Waffeleisen

Würzvorschläge:

Baby-Portion: Curry- oder Kurkumapulver oder edelsüßes Paprikapulver
Für die Großen: Salz, Pfeffer

1. Kürbis waschen, entkernen und in Würfel schneiden (beim Hokkaido-Kürbis kann die Schale mit verwendet werden). Mit dem Wasser in einen Topf geben und in 8–15 Minuten weich garen. Dann Kürbis und Garwasser mit dem Stabmixer pürieren.
2. Masse in eine Schüssel umfüllen, Öl und Ei hinzufügen und mit dem Handrührgerät verquirlen.
3. Trockene Zutaten zugeben und alles zu einem flüssigen Teig verrühren. Nach Belieben unterschiedlich würzen (für das Baby und für die Großen)
4. Waffeleisen mit etwas Öl einpinseln und erhitzen.
5. Je nach Waffelgröße ca. 1 EL oder 2–3 EL Teig in das Waffeleisen geben und verstreichen. Dann die Waffel ausbacken. Vorgang wiederholen, bis der Teig aufgebraucht ist. Zwischen jedem Backvorgang das Waffeleisen mit Öl einpinseln.

Brokkoli-Kroketten

Für 8 Stück

pro Stück: 61 kcal | 7,5 g KH | 2,8 g P | 2 g F

Zutaten:
180 g Brokkoli
1 Ei
100–120 g Semmelbrösel
1 EL Öl, z. B. Rapsöl

Würzvorschläge:
Baby-Portion: edelsüßes Paprikapulver, Kurkumapulver, getrocknete Kräuter wie Basilikum, Oregano
Für die Großen: Salz, Pfeffer, rosenscharfes Paprikapulver etc.

1. Brokkoli waschen, in Röschen teilen und diese in kochendem Wasser bissfest garen. Dann durch ein Sieb abseihen.
2. Nach dem Abkühlen Brokkoli hacken und in eine Schüssel geben. Mit Ei, Semmelbröseln und Gewürzen zu einer festen Masse verkneten. Nach Belieben unterschiedlich würzen (für das Baby und für die Großen). Aus dem Teig insgesamt 8 Kroketten formen (ca. ∅ 2,5–3 cm).
3. Backofen auf 200 °C Ober-/Unterhitze vorheizen.
4. Backblech mit Backpapier auslegen und dieses mit Öl bepinseln.
5. Kroketten auf das Blech geben und ebenso mit Öl bepinseln.
6. Blech in den Ofen schieben und Kroketten 25 Minuten backen. Nach 15 Minuten einmal wenden. Alternativ in einer Pfanne mit Öl herausbraten.

Tipps:

Ab Beikostreife geeignet.

In den Teig kann man noch 1EL frisch gehackte Kräuter wie Petersilie, Basilikum oder Oregano einkneten oder 1–2EL der Semmelbrösel durch geriebenen Parmesan ersetzen. Zur Babyportion schmecken die Aufstriche und Dips ab S. 133, zur ***Erwachsenenportion*** Salsa oder ein Kräuter-Joghurt-Dip. Auch sehr gut als Beilage.

Tipps:

Ab Beikostreife geeignet.

Da Spinat ein nitrathaltiges Gemüse ist, sollten die Bällchen nicht aufgewärmt werden. Sie schmecken aber auch kalt. In den Teig kann man noch 1 TL frisch gehackte Kräuter wie Petersilie oder Oregano einkneten. Für ***die Portion für die Großen*** kann man noch 1 EL zerkrümelten Feta in den Teig mischen.

Gemüse-Spinat-Bällchen

Für 8 Stück

pro Stück: 77 kcal | 10,6 g KH | 2,8 g P | 2,3 g F

Zutaten:

100 g Kartoffeln
30 g Blattspinat
50 g Karotte
50 g Haferflocken oder gemahlene Haferflocken
1 Ei
3–4 EL Semmelbrösel
1 EL Öl, z. B. Rapsöl

Würzvorschläge:

Baby-Portion: edelsüßes Paprikapulver, Kurkumapulver
Für die Großen: Salz, Pfeffer, rosenscharfes Paprikapulver etc.

1. Kartoffeln schälen, waschen und in kleine Stücke schneiden. In einen Topf mit kochendem Wasser geben und weich kochen. Dann durch ein Sieb abgießen, Kartoffeln in eine Schüssel geben, mit dem Gemüsestampfer zerdrücken und abkühlen lassen.
2. Spinat verlesen, waschen und trocken schütteln. Mit 1 EL Wasser in eine Pfanne geben und bei mittlerer Hitze 2–3 Minuten dünsten, bis er zusammenfällt. Danach abkühlen lassen.
3. Karotte waschen, evtl. schälen, putzen und fein raspeln.
4. Haferflocken in einem Mixer zerkleinern.
5. Spinat, Karotte, Ei, Haferflocken und 3 EL Semmelbrösel zu den Kartoffeln geben und vermengen. Evtl. noch mehr Semmelbrösel hinzufügen, bis der Teig klebrig-fest ist. Teig nach Belieben unterschiedlich würzen (für Baby und für die Großen).
6. Aus dem Teig insgesamt 8 Bällchen formen (Ø ca. 4 cm). Öl in einer Pfanne erhitzen und Bällchen darin bei geringer Hitze erst rundherum anbraten, dann je nach Dicke in 6–10 Minuten fertig garen. Alternativ im Backofen bei 170 °C Umluft 25–35 Minuten backen. Dabei vor dem Backen mit Öl bestreichen.

Erbsen-Pancakes

Für 5 Stück

pro Stück: 109 kcal | 17,1 g KH | 5,4 g P | 1,6 g F

Zutaten:

200 g TK-Erbsen
¼ Bund Petersilie
110 ml Mineralwasser
1 Ei
100 g Mehl, z. B. Dinkelmehl Type 630
½ TL Backpulver
1 EL Öl, z. B. Rapsöl

Würzvorschläge:

Baby-Portion: Kurkumapulver
Für die Großen: Salz, Pfeffer

1. Erbsen nach Packungsanleitung in einem Topf mit Wasser (ohne Salz) garen. Durch ein Sieb abseihen und abkühlen lassen.
2. Petersilie waschen, trocken schütteln und fein hacken.
3. Erbsen und Mineralwasser in einen Standmixer geben und pürieren. In eine Schüssel umfüllen.
4. Ei und Petersilie hinzufügen und alles gut verrühren.
5. Mehl und Backpulver vermischen und mit den feuchten Zutaten vermengen. Teig nach Belieben unterschiedlich würzen (für das Baby und für die Großen).
6. Öl portionsweise in einer Pfanne erhitzen. Für jeden Pancake 1–2 EL Teig in die Pfanne geben und etwas verstreichen. Wenn die Unterseite gebräunt ist, Pancake wenden und fertigbacken. Vorgang so oft wiederholen, bis der Teig aufgebraucht ist. Alternativ kann man die Erbsen-Pancakes auch im Waffeleisen ausbacken.

Tipps:

Ab Beikostreife geeignet.

Dazu können zum Beispiel Kirschtomaten gegessen werden. Für das Baby sollten sie halbiert oder geviertelt sein. Die Tomate wird »ausgelutscht« und die Schale ausgespuckt. Mit Mineralwasser werden die Pfannkuchen fluffiger, man kann sie aber auch mit normalem Wasser zubereiten. Auch lecker: 1 TL frisch gehackte Petersilie in den Teig mischen. Für eine bestimmte Pancake-Form, zum Beispiel Herzen, gibt es spezielle Formen für die Pfanne. ***Für die Erwachsenenportion*** Feta über die Erbsen-Pancakes krümeln oder ein Spiegelei dazu genießen.

Gebackene Avocadospalten

Für 1 Baby und 1 Erwachsenen

Gesamtkalorien: 756 kcal | 47,9 g KH | 15,1 g P | 40,8 g F

Zutaten:

1½ EL Öl, z. B. Rapsöl
1–2 Avocados (ca. 160 g Fruchtfleisch)
1 Ei
3 EL Mehl, z. B. Dinkelmehl Type 630
4–5 EL Semmelbrösel

Würzvorschläge:

Baby-Portion: edelsüßes Paprikapulver, Currypulver
Für die Großen: Salz, Pfeffer, Kräutersalz, rosenscharfes Paprikapulver, Chilipulver etc.

1. Backofen auf 180 °C Umluft vorheizen. Backblech mit Backpapier auslegen und mit etwas Öl bestreichen.
2. Avocados halbieren, entkernen, das Fruchtfleisch mit einem Löffel aus der Avocado heben und in Spalten schneiden.
3. Ei in einem tiefen Teller mit dem Schneebesen verquirlen. Mehl und Semmelbrösel jeweils getrennt in weitere tiefe Teller füllen.
4. Avocadostücke nach Belieben unterschiedlich würzen (für Baby und für die Großen), erst im Mehl, dann im Ei und schließlich in den Semmelbröseln wenden. Panierte Avocadostücke auf das Backblech legen und mit dem restlichen Öl bestreichen. Im Ofen 15–20 Minuten backen.

Tipps:

Ab Beikostreife geeignet.

Zur Babyportion schmecken die Aufstriche und Dips ab S. 133, zur ***Erwachsenenportion*** Salsa oder ein Kräuter-Joghurt-Dip. Auch sehr gut als Beilage.

Gemüse-Hafer-Puffer

Für 1 Baby und 1 Erwachsenen

Gesamtkalorien: 610 kcal | 62,9 g KH | 18,9 g P | 29,2 g F

Zutaten:
200 g Karotte
150 g Zucchini
1 Ei
40 g Haferflocken
1–2 EL Mehl z. B. Dinkelmehl Type 630
2 EL Öl, z. B. Rapsöl

Würzvorschläge:
Baby-Portion: edelsüßes Paprikapulver
Für die Großen: Salz, Pfeffer

1. Karotte und Zucchini waschen, putzen und raspeln. Mit den Händen die Flüssigkeit gut ausdrücken und die Raspel in eine Schüssel geben.
2. Ei hinzufügen und einkneten.
3. Haferflocken zugeben und alles zu einer festen Masse verkneten. Evtl. noch etwas Mehl hinzufügen.
4. Etwa ⅓ des Teigs für die Kinderportion mit Paprikapulver würzen und zu Puffern formen. Die Erwachsenenportion nach Belieben mit Salz und Pfeffer würzen und ebenfalls in Pufferform bringen.
5. Öl portionsweise in einer Pfanne erhitzen und die Kinder-Puffer darin von beiden Seiten braun anbraten, dann bei mittlerer Hitze in 5–8 Minuten fertig garen.
6. Die Erwachsenenpuffer ebenso braten.

Tipps:

Ab Beikostreife geeignet.

Zur ***Erwachsenenportion*** schmeckt zum Beispiel Kräuterquark.

Man kann auch anderes Gemüse verwenden, etwa Süßkartoffeln, Kartoffeln oder Kohlrabi. Auch lecker: Frische Kräuter wie Petersilie fein hacken und in den Teig mischen.

Die Puffer kann man auch im Backofen zubereiten. Dazu auf ein mit Backpapier belegtes Backblech geben und bei 170 °C Umluft 20–25 Minuten im Ofen backen. Etwa nach der Hälfte der Zeit einmal wenden.

Tipps:

Ab Beikostreife geeignet.

Zur ***Erwachsenenportion*** schmeckt zum Beispiel Kräuterquark oder Kräuter-Frischkäse.

Auch lecker: Frische Kräuter wie Petersilie fein hacken und unter den Teig mischen.

Spinatpuffer

Für 5 Stück

pro Stück: 87 kcal | 12,8 g KH | 2,4 g P | 2,4 g F

Zutaten:
300 g Kartoffeln
50 g Blattspinat
½ Zwiebel
2–4 EL zarte Haferflocken
1 EL Öl, z. B. Rapsöl

Würzvorschläge:
Baby-Portion: edelsüßes Paprikapulver, getrockneter Oregano
Für die Großen: Salz, Pfeffer, Kräutersalz etc.

1. Kartoffeln schälen, waschen und in kleine Stücke schneiden. Mit etwas Wasser in einen Topf geben und weich kochen. Dann das Wasser abgießen, die Kartoffeln mit einem Gemüsestampfer zerdrücken und abkühlen lassen.
2. Spinat verlesen, waschen und abtropfen lassen. Mit 1 EL Wasser in eine Pfanne geben und bei mittlerer Hitze 2–3 Minuten dünsten, bis er zusammenfällt. Dann abkühlen lassen.
3. Zwiebel schälen und fein würfeln.
4. Kartoffeln, Spinat, Zwiebeln und 2 EL Haferflocken in einer Schüssel vermengen. Evtl. noch Haferflocken hinzufügen, falls die Masse zu weich ist. Nach Belieben unterschiedlich würzen (für das Baby und für die Großen).
5. Öl in einer Pfanne erhitzen. Aus der Teigmasse insgesamt 5 Puffer formen und diese in der Pfanne erst von beiden Seiten bei hoher Hitze kurz anbraten, dann bei mittlerer Hitze in 5–10 Minuten durchgaren. Alternativ im Backofen bei 170 °C Umluft 20–25 Minuten backen. Dazu mit Öl bestreichen und nach ca. 10 Minuten wenden.

Blumenkohl-Fritters

Für 6 Stück

pro Stück: 70 kcal | 7,5 g KH | 3 g P | 2,6 g F

Zutaten:

350 g Blumenkohl
50 g Mehl, z. B. Dinkelmehl Type 630
1 Ei
1 Öl EL, z. B. Rapsöl

Würzvorschläge:

Baby-Portion: edelsüßes Paprikapulver, getrockneter Thymian oder Oregano
Für die Großen: Salz, Pfeffer, Kräutersalz etc.

1. Blumenkohl putzen und in Röschen teilen. Dann waschen, abtropfen lassen und raspeln oder fein hacken.
2. Blumenkohlraspel mit Mehl und Ei in eine Schüssel geben und zu einer festen, klebrigen Masse verkneten. Teig nach Belieben unterschiedlich würzen (für das Baby und für die Großen).
3. Öl in einer Pfanne erhitzen. Mit angefeuchteten Händen aus dem Teig insgesamt 6 Frikadellen formen und diese in der Pfanne erst von beiden Seiten bei hoher Hitze anbraten. Dann bei mittlerer Hitze in 5–8 Minuten durchgaren. Alternativ Frikadellen mit Öl bestreichen und im Ofen bei 170 °C Umluft 20–25 Minuten garen. Dabei nach ca. 10 Minuten wenden.

Tipps:

Ab Beikostreife geeignet.

Zur ***Erwachsenenportion*** schmeckt zum Beispiel Kräuterquark oder gewürzter Joghurt.

Auch lecker: Frische Kräuter wie Petersilie fein hacken und unter den Teig mischen oder 1–2 EL geriebenen Parmesan zugeben.

Zebra
Zebra

Buntes Gemüsegulasch

Für 1 Baby und 1 Erwachsenen

Gesamtkalorien: 510 kcal | 83,4 g KH | 11,7 g P | 10,4 g F

Zutaten:
400 g Kartoffeln
300 g Karotten
½ Zwiebel oder 1 Schalotte
1 Knoblauchzehe
¼ Bund Petersilie
1 EL Öl, z. B. Rapsöl
1 TL Tomatenmark
250 ml salzfreie Gemüsebrühe (siehe S. 30)
½ TL edelsüßes Paprikapulver

Würzvorschläge:
Für die Großen: Salz, Pfeffer, Kräutersalz, rosenscharfes Paprikapulver etc.

1. Kartoffeln schälen und waschen. Karotten putzen und waschen. Beides in Stücke bzw. Scheiben schneiden.
2. Zwiebel und Knoblauch schälen und fein hacken.
3. Petersilie waschen, trocken schütteln und hacken.
4. Öl und Tomatenmark in einem Topf erhitzen und Zwiebel und Knoblauch darin 2–3 Minuten unter Rühren andünsten.
5. Gemüse hinzufügen und kurz mitgaren.
6. Dann Gemüsebrühe, Petersilie und Paprikapulver zugeben. Gulasch bei mittlerer Hitze und gelegentlichem Umrühren ca. 20 Minuten garen.
7. Die Erwachsenenportion vor dem Servieren nach Belieben noch nachwürzen.

Tipps:

Ab Beikostreife geeignet.

Man kann auch anderes Gemüse verwenden, zum Beispiel Kohlrabi, Zucchini oder Paprika. Zucchini sind allerdings schneller durchgegart, daher härtere Gemüsesorten erst mal 5–10 Minuten in der Soße köcheln lassen, dann die Zucchini hinzufügen.

Gemüsemuffins

Für 12 Stück

pro Stück: 74 kcal | 10,4 g KH | 3,5 g P | 1,6 g F

Zutaten:
80 g Karotte
70 g Brokkoliröschen
2 Eier
100 g Joghurt
100 ml Wasser
180 g Mehl, z. B. Dinkelvollkornmehl oder Dinkelmehl Type 630
1 TL Backpulver
1 TL getrocknete Kräuter wie Basilikum oder Oregano
1–2 EL geriebener Parmesan oder Reibekäse

Würzvorschläge:
Baby-Portion: edelsüßes Paprikapulver
Für die Großen: Salz, Pfeffer, Kräutersalz, rosenscharfes Paprikapulver etc.

Muffinblech mit 12 Mulden und Muffinförmchen

1. Ofen auf 180 °C Ober-/Unterhitze vorheizen.
2. Karotte und Brokkoli waschen und putzen. Karotte reiben und Brokkoli hacken.
3. Eier, Joghurt und Wasser in einer Schüssel mit dem Schneebesen verquirlen.
4. Mehl und Backpulver in die Eiermasse rühren.
5. Gemüseraspel und getrocknete Kräuter unterheben.
6. Muffinförmchen in die Mulden des Muffinblechs setzen. Die Förmchen für die Babyportion mit Teig befüllen. Zum restlichen Teig für die Erwachsenenportion Parmesan zugeben und nachwürzen. Dann Teig ebenfalls in Muffinförmchen füllen. Damit man die Muffins unterscheiden kann, 2 Farben bei den Förmchen verwenden.
7. Muffins in den Ofen schieben und 25–30 Minuten backen.

Tipp:

Ab Beikostreife geeignet.

Man kann auch anderes Gemüse verwenden, zum Beispiel Zucchini, Süßkartoffeln oder Kürbis.

Tipp:

Ab Beikostreife geeignet.

In den Teig kann man noch 1 EL frisch gehackte Kräuter wie Petersilie, Basilikum oder Oregano einkneten. Zur Babyportion schmecken die Aufstriche und Dips ab S. 133, zur ***Erwachsenenportion*** Salsa oder ein Kräuter-Joghurt-Dip. Auch sehr gut als Beilage.

Kürbisfalafel

Für 10 Stück

pro Stück: 66 kcal | 7,4 g KH | 2,3 g P | 2,5 g F

Zutaten:
100 g Kürbis, z. B. Hokkaido
200 g Kichererbsen aus dem Glas
½ Zwiebel
2 EL Kichererbsenmehl oder Mehl, z. B. Dinkelmehl Type 630
1–2 EL Semmelbrösel
1–2 EL Öl, z. B. Rapsöl

Würzvorschläge:
Baby-Portion: edelsüßes Paprikapulver, Kreuzkümmel
Für die Großen: Salz, Pfeffer, rosenscharfes Paprikapulver etc.

1. Kürbis entkernen, waschen oder bei Bedarf schälen und in Würfel schneiden. Mit etwas Wasser in einem Topf in 8–15 Minuten weich garen, dann durch ein Sieb abseihen und abkühlen lassen.
2. Währenddessen Kichererbsen in ein Sieb abgießen, spülen, dann abtropfen lassen.
3. Zwiebel schälen und grob zerkleinern.
4. Kürbis mit Kichererbsen und Zwiebel in eine Schüssel geben und mit einem Stabmixer pürieren.
5. Mehl und Semmelbrösel hinzufügen, bis eine gut formbare Masse entsteht. Teig nach Belieben unterschiedlich würzen (für das Baby und für die Großen). Dann insgesamt 10 Falafel formen.
6. Öl in einer Pfanne erhitzen und Falafel darin erst bei mittlerer Hitze von allen Seiten anbraten, dann in 8–12 Minuten durchgaren. Alternativ Falafel im Backofen bei 180 °C Umluft 25–30 Minuten backen. Vor dem Backen mit Öl bestreichen und nach etwa 15 Minuten wenden.

Süßspeisen

Apfelkekse

Für 12 Stück

Kalorien pro Stück: 85 kcal | 7,7 g KH | 1,6 g P | 5,4 g F

Zutaten:

1 Apfel oder ca. 5 EL ungesüßtes Apfelmark
70 g weiche Butter
1 Ei
1 Prise Vanillepulver (optional)
130 g Mehl, z. B. Dinkelmehl Type 630
1½ TL Backpulver

1. Backofen auf 200 °C Ober-/Unterhitze vorheizen.
2. Apfel waschen, schälen, Kerngehäuse entfernen und Fruchtfleisch in Würfel schneiden.
3. Butter, Ei und Vanillepulver, falls verwendet, in einer Schüssel mit dem Handrührgerät schaumig schlagen.
4. Mehl und Backpulver mischen und in die Buttermasse einrühren.
5. Apfelwürfel unterheben.
6. Aus dem Teig 12 Kekse formen und auf ein mit Backpapier ausgelegtes Backblech geben. In den Ofen schieben und Kekse in 10–15 Minuten goldbraun backen.

Tipps:

Ab Beikostreife geeignet.

Den Apfel kann man auch durch eine Birne ersetzen. Für etwas mehr Süße ½ pürierte Banane oder 3 EL ungesüßtes Apfelmark unterrühren. Die Mehlmenge dann um 1–2 EL erhöhen, damit ein formbarer Teig entsteht.

Tipps:

Bei kleinen Schnitten (24 Stück) ab Pinzettengriff empfohlen. **Ab Beikostreife geeignet**, dazu aber besser in 6 × 1½ cm große Streifen schneiden. Den Apfel kann man auch durch eine Birne ersetzen. Für etwas mehr Süße ½ pürierte Banane oder noch 3 EL ungesüßtes Apfelmark unterrühren. Die Mehlmenge dann um 1–2 EL erhöhen.

Apfelschnitten

Für 24 Stück

pro Stück: 61 kcal | 9 g KH | 1,9 g P | 1,8 g F

Zutaten:
30 g weiche Butter plus mehr für die Form
2 Eier
250 ml Milch oder Pflanzendrink, z. B. ungesüßter Mandeldrink
200 g Mehl, z. B. Dinkelmehl Type 630
30 g Haferflocken
2 TL Backpulver
1 TL Zimt (optional)
100 g ungezuckertes Apfelmark
1–2 Äpfel

Auflaufform (ca. 20 × 30 cm)

1. Ofen auf 180 °C Ober-/Unterhitze vorheizen.
2. Butter, Eier und Milch oder Pflanzendrink in einer Schüssel mit dem Handrührgerät verquirlen.
3. Trockene Zutaten vermischen und zusammen mit dem Apfelmark zur Eiermasse hinzufügen und gut verrühren.
4. Apfel bzw. Äpfel (je nachdem, wie viele Apfelstückchen gewünscht sind) waschen, schälen, Kerngehäuse entfernen und Fruchtfleisch in Würfel schneiden. Apfelwürfel unter den Teig heben.
5. Form fetten oder mit Backpapier auslegen. Teig in die Form geben und gleichmäßig verstreichen. Form in den Ofen schieben und Kuchen in 35–40 Minuten goldbraun backen. Abkühlen lassen und in 24 kleine Stücke schneiden.

Bananen-Pancakes

Für 6 Stück

pro Stück: 106 kcal | 15,8 g KH | 3,6 g P | 3,9 g F

*

Zutaten:

1 reife Banane (ca. 110 g)
1 Ei
100 g Mehl, z. B. Dinkelmehl Type 630
1 TL Backpulver
50–60 ml Milch oder Pflanzendrink
1–2 TL Öl, z. B. Kokosöl oder Rapsöl

1. Banane schälen, in grobe Stücke teilen und in einer Schüssel mit einer Gabel zerdrücken.
2. Alle restlichen Zutaten, bis auf das Öl, zugeben und gut mit dem Handrührgerät verrühren.
3. Portionsweise Öl in einer Pfanne erhitzen. Jeweils 1–2 EL Teig pro Pancake in die Pfanne geben und etwas glatt streichen. (Je nach Größe der Pfanne kann man mehrere Pancakes gleichzeitig ausbacken.) Sobald der Teig Blasen wirft, Pancakes wenden und die andere Seite fertig backen.Vorgang wiederholen, bis der Teig aufgebraucht ist.

*** mit Pflanzendrink milcheiweißfrei**

Tipps:

Ab Beikostreife geeignet.

Die Pancakes kann man mit etwas Mandelmus bestreichen oder ungezuckertes Apfelmark oder pürierte bzw. zerdrückte Früchte (z. B. Heidelbeeren) dazu reichen. Ebenso Banane in größeren Stücken. **Ab Pinzettengriff** kann man Obstscheiben, etwa Banane oder Kiwi dazugeben.

Tipps:

Ab Beikostreife geeignet.

Oatmeal-Muffins

Für 12 Stück

pro Stück: 98 kcal | 14,5 g KH | 3,6 g P | 2,3 g F

*

Zutaten:
2 reife Bananen (ca. 200 g)
160 ml Milch oder Pflanzendrink, z. B. ungesüßter Mandeldrink
1 Prise Vanillepulver (optional)
1 Ei
150 g frische Beeren, z. B. Heidelbeeren, Erdbeeren, Himbeeren oder gemischte TK-Beeren
200 g Haferflocken
1 TL Öl, z. B. Kokosöl oder Rapsöl

Muffinblech mit 12 Mulden und Muffinförmchen

1. Backofen auf 180 °C Ober-/Unterhitze vorheizen.
2. Bananen schälen, in grobe Stücke brechen, dann mit Milch oder Pflanzendrink in eine Schüssel geben und mit dem Stabmixer pürieren.
3. Vanillepulver, falls verwendet, und Ei einrühren.
4. Frische Beeren waschen, abtrocken, entstielen und bei Bedarf kleiner schneiden.
5. Haferflocken und Beeren unter den Teig heben.
6. Muffinförmchen in die Mulden des Muffinblechs setzen. Teig darin verteilen.
7. Muffins in den Ofen schieben und 20–25 Minuten backen.

* mit Pflanzendrink milcheiweißfrei

French-Toast-Sticks

Für 1 Baby und 1 Erwachsenen

Gesamtkalorien: 522 kcal | 47,2 g KH | 23,9 g P | 24,1 g F

*

Zutaten:

4 Scheiben Toast, z. B. Vollkorn-Toastbrot (siehe S. 126)
2 Eier
70 ml Milch oder Pflanzendrink, z. B. ungesüßter Mandeldrink
1 Prise Zimt (optional)
2 TL Butter oder Öl, z. B. Kokosöl

*** mit Pflanzendrink und Öl milcheiweißfrei**

1. Brotrinde der Toastbrotscheiben evtl. abschneiden, dann Scheiben in breite Streifen schneiden.
2. Eier, Milch und Zimt, falls verwendet, in einer Schüssel mit dem Schneebesen gut verquirlen.
3. 1 TL Butter oder Öl in eine Pfanne geben und erhitzen.
4. Währenddessen die Hälfte der Toaststreifen in die Eiermischung tauchen, sodass sie gut mit dem Teig überzogen sind. Umgehend in die Pfanne setzen und bei mittlerer Hitzen rundum goldbraun braten. Dann aus der Pfanne nehmen.
5. Das restliche Öl in die Pfanne geben und den Vorgang mit den übrigen Toaststreifen wiederholen.

Tipps:

Ab Beikostreife geeignet.

Dazu schmecken Mandelmus, ungezuckertes Apfelmark, geschälte und gedünstete Apfelstücke, pürierte bzw. zerdrückte Früchte (z. B. Beeren) für das Baby. Ab Pinzettengriff kann man die Beeren (z. B. Heidelbeeren) halbieren und zu den French Toasts anbieten. Bei der ***Erwachsenenportion*** frische Beeren zu den French Toasts genießen.

Tipps:

Ab Beikostreife geeignet.

Dazu schmecken ungezuckertes Apfelmark, geschälte und gedünstete Apfel- oder Birnenstücke, pürierte bzw. zerdrückte Früchte (z. B. Beeren oder Mango).

Grießtaler

Für 9 Stück

Pro Stück: 79 kcal | 11,9 g KH | 3,1 g P | 2 g F

*

Zutaten:
375 ml Milch oder Pflanzendrink, z. B. ungesüßter Mandeldrink
100 g Grieß, z. B. Vollkorngrieß
1 Prise Vanillepulver (optional)
50 ml Wasser
2 EL Mehl, z. B. Dinkelmehl Type 630
2–4 EL Semmelbrösel
1–2 EL Öl, z. B. Rapsöl

1. Milch oder Pflanzendrink in einen Topf geben und unter Rühren zum Kochen bringen.
2. Hitze reduzieren und Grieß und Vanillepulver, falls verwendet, unter Rühren einstreuen, dann nach Packungsanleitung (ohne Zucker) fertig köcheln lassen, dabei gelegentlich umrühren.
3. Zum Auskühlen Grieß in eine mit Backpapier ausgelegte Backform oder auf ein Backblech streichen (ca. 1 cm hoch).
4. Die abgekühlte, feste Grießmasse nach Belieben in 9 Rechtecke schneiden oder rund ausstechen.
5. Für die Panade Wasser und Mehl in einem tiefen Teller verrühren. Semmelbrösel in einen weiteren tiefen Teller füllen.
6. Grießschnitten erst in der Mehl-Wasser-Mischung, dann in den Semmelbröseln wenden.
7. Öl portionsweise in einer Pfanne erhitzen und die Grießtaler darin in 5–6 Minuten rundum goldbraun braten. Oder im Backofen bei 170 °C Umluft 10–15 Minuten backen. Vor dem Backen mit Öl bestreichen.

*** mit Pflanzendrink milcheiweißfrei**

Apfel-Karotten-Cookies

Für 12 Stück

Pro Stück: 115 kcal | 16,4 g KH | 2,6 g P | 3,9 g F

*

Zutaten:
2 Bananen (ca. 220 g)
40 g weiche Butter oder Kokosöl
1 TL Zimt
50 ml Milch oder Pflanzendrink, z. B. ungesüßter Mandeldrink
150 g zarte Haferflocken
50 g Mehl, z. B. Dinkelvollkornmehl
1 TL Backpulver
1 Karotte (ca. 80 g)
1–2 Äpfel (ca. 180 g)

1. Backofen auf 180 °C Ober-/Unterhitze vorheizen.
2. Bananen schälen und in einer Schüssel mit dem Stabmixer pürieren.
3. Butter, Zimt und Milch hinzufügen und mit dem Schneebesen verrühren.
4. 50 g Haferflocken im Mixer zerkleinern. Alle trockenen Zutaten mit dem Teig vermischen.
5. Karotte und Äpfel waschen, putzen, evtl. schälen, Kerngehäuse der Äpfel entfernen, dann alles fein raspeln.
6. Apfel- und Karottenraspel unter den Teig heben.
7. Mit 2 Esslöffeln Teig abnehmen und 12 Cookies (Ø ca. 6–7 cm) auf ein mit Backpapier ausgelegtes Backblech setzen. Leicht in Form drücken.
8. Cookies im Ofen 20–25 Minuten backen, dann abkühlen lassen.

*** mit Pflanzendrink und Kokosöl vegan und milcheiweißfrei**

Tipps:

Ab Beikostreife geeignet.

Nach Belieben auch kleinere Cookies formen. In den Teig für ***die Erwachsenen*** kann man noch 1–2 TL Rosinen oder gehackte Nüsse oder Mandeln mischen.

Tipps:

Ab Beikostreife geeignet.

Dazu schmecken ungezuckertes Apfelmark oder pürierte Früchte wie Beeren, Mango oder geschälte und gedünstete Apfelstücke.

Apfel-Karotten-Waffeln

Für 9 kleine Waffeln oder 5 Herzwaffeln

Pro Stück (bei 9 Stück): 86 kcal | 10,2 g KH | 2,6 g P | 3,8 g F

Zutaten:
30 g Butter
120 ml Milch oder Pflanzendrink, z. B. ungesüßter Mandeldrink
2 EL Mineralwasser
1 Ei
50 g Mehl, z. B. Dinkelmehl Type 630
50 g Dinkelvollkornmehl
1 kleine Karotte (ca. 70 g)
1 Apfel (ca. 100 g)
1 EL Öl, z. B. Rapsöl

Waffeleisen

1. Butter in einem Topf schmelzen. In eine Schüssel umfüllen, Milch, Mineralwasser und Ei zugeben und mit dem Schneebesen verquirlen.
2. Mehle untermischen.
3. Karotte und Apfel waschen, putzen, schälen, Kerngehäuse des Apfels entfernen, dann alles fein raspeln. Karotten- und Apfelraspel unter den Teig heben.
4. Waffeleisen portionsweise mit Öl einpinseln und aufheizen.
5. Je nach Waffeleisen 1–2 gehäufte Esslöffel Teig einfüllen und Waffeln goldbraun ausbacken. Vorgang wiederholen, bis der Teig aufgebraucht ist. Zwischendurch Waffeleisen wieder mit Öl einpinseln.

Beeren-Haferflocken-Riegel

Für 24 Stück

Pro Stück: 51 kcal | 5,2 g KH | 1,9 g P | 1,8 g F

Zutaten:

200 g Beeren, z. B. Heidelbeeren, frisch oder TK
1 Banane (ca. 120 g)
1 TL Chiasamen (optional)
150 g zarte Haferflocken

1. Falls frische Beeren verwendet werden, diese waschen und abtrocknen. Beeren mit 1 EL Wasser in einen Topf geben und 3–5 Minuten dünsten. Dann mit einer Gabel zerdrücken und abkühlen lassen.
2. Backofen auf 180 °C Umluft vorheizen.
3. Banane schälen und in einer Schüssel mit der Gabel zerdrücken.
4. Die restlichen Zutaten untermischen. Teig auf ein mit Backpapier ausgelegtes Backblech geben (ca. 1 cm hoch) und glatt streichen.
5. Teig 15–20 Minuten im Ofen backen. Herausnehmen, in 24 Riegel schneiden und abkühlen lassen.

Tipps:

Ab Beikostreife geeignet.

Couscous, Grieß, Hirse und Nudeln

Hirse-Karotten-Frikadellen

Für 9 Stück

Pro Stück: 116 kcal | 16,6 g KH | 4 g P | 3,1 g F

Zutaten:

50 g Hirse, z. B. Goldhirse
50 g rote Linsen
1 Karotte (ca. 100 g)
400 ml salzfreie Gemüsebrühe (siehe S. 30) oder Wasser
½ Bund Petersilie
2 EL Öl, z. B. Rapsöl
80 g Haferflocken
3–5 EL Mehl, z. B. Dinkelmehl Type 630

Würzvorschläge:

Baby-Portion: edelsüßes Paprikapulver
Für die Großen: Salz, Pfeffer, Kräutersalz, rosenscharfes Paprikapulver et.

1. Hirse und Linsen in ein feinmaschiges Sieb geben und mit heißem Wasser durchspülen, dann abtropfen lassen.
2. Karotte waschen, evtl. schälen und fein raspeln.
3. Hirse, Linsen, Karotte und Gemüsebrühe in einen Topf geben. Erst aufkochen lassen, dann Hitze reduzieren und alles bei mittlerer Hitze in 10–15 Minuten weich köcheln lassen. In ein Sieb abgießen und die Flüssigkeit etwas ausdrücken.
4. Petersilie waschen, trocken schütteln und hacken.
5. Hirse, Linsen, Karotte, Petersilie, 1 EL Öl und die Haferflocken in einer Schüssel vermischen. Esslöffelweise Mehl hinzufügen, bis eine formbare, noch leicht klebrige Masse entsteht. Nach Belieben die Masse unterschiedlich würzen (für Baby und für die Großen).
6. Backofen auf 180 °C Ober-/Unterhitze vorheizen.
7. Ein Backblech mit Backpapier auslegen und mit Öl bepinseln. 1½ EL Teig auf das Backblech setzen, etwas flach drücken bzw. glatt streichen. Vorgang wiederholen, bis der Teig aufgebraucht ist (das ergibt 9 Stück mit Ø 7–8 cm). Die Oberfläche der Frikadellen mit Öl bestreichen.

Tipps:

Ab Beikostreife geeignet.

Zur Babyportion schmecken die herzhaften Aufstriche und Dips ab S. 133, ***zur Erwachsenenportion*** Salsa oder ein Kräuter-Joghurt-Dip. Zu den Frikadellen kann man fingerdicke Gurkenstreifen, in Spalten geschnittene Tomaten oder etwas gedämpftes Gemüse wie Karotten oder Kohlrabi reichen.

8. Blech in den Ofen schieben und Frikadellen 25–30 Minuten backen. Dabei nach ca. 15 Minuten einmal wenden und wieder mit Öl bepinseln. Alternativ Frikadellen mit etwas Öl in der Pfanne herausbraten. Dazu erst von beiden Seiten bei hoher Hitze anbraten und dann bei mittlerer Hitze in 7–10 Minuten durchgaren.

Tipps:

Ab Pinzettengriff geeignet.

Beim Abkühlen klebt das Porridge zusammen und kann dadurch vom Baby gut mit den Händen gegriffen werden. Ab 8–10 Monaten kann man dem Baby auch Kinderbesteck als Hilfsmittel reichen.

Auch lecker: Frische Kräuter wie Petersilie oder Minze fein hacken und unter das Porridge heben.

Hirse-Kürbis-Porridge

Für 1 Baby und 1 Erwachsenen

Gesamtkalorien: 486 kcal | 92 g KH | 14,3 g P | 5,2 g F

*

Zutaten:
80 g Hirse, z. B. Goldhirse
160 ml salzfreie Gemüsebrühe (siehe S. 30) oder Wasser
250 g Kürbis, z. B. Hokkaido
200 ml Wasser
2 EL Milch oder Pflanzendrink

Würzvorschläge:
Baby-Portion: edelsüßes Paprikapulver, Currypulver
Für die Großen: Salz, Pfeffer, Kräutersalz, Chilipulver etc.

1. Hirse in ein Sieb füllen, mit heißem Wasser durchspülen und abtropfen lassen.
2. Gemüsebrühe und Hirse in einen Topf geben, kurz aufkochen lassen und durchrühren. Dann Topf von der Herdplatte nehmen, einen Deckel aufsetzen und Hirse ca. 20 Minuten quellen lassen.
3. Währenddessen Kürbis entkernen, waschen, bei Bedarf schälen und in Würfel schneiden. Mit dem Wasser in einen Topf geben und in 8–15 Minuten weich garen. Nach Belieben 1–2 EL Kürbiswürfel beiseite legen, den Rest mithilfe eines Stabmixers mit dem noch vorhandenen Garwasser und der Milch pürieren.
4. Hirse mit dem Kürbisbrei vermischen. Dann die Kürbiswürfel, sofern vorhanden, unterheben. Porridge nach Belieben unterschiedlich würzen (für das Baby und für die Großen).

*** mit Pflanzendrink vegan und milcheiweißfrei**

Linsen-Gemüse-Happen

Für 1 Baby und 1 Erwachsenen

Gesamtkalorien: 645 kcal | 93,1 g KH | 20,2 g P | 15,4 g F

Zutaten:

2–3 Kartoffeln (ca. 160 g)
2 Karotten (ca. 200 g)
40 g rote Linsen
¼ Bund Petersilie
3–5 EL Mehl, z. B. Dinkelvollkornmehl oder Haferflocken
1 TL Currypulver
1½ EL Öl, z. B. Rapsöl
1–2 salzfreie Gemüsebrühe (siehe S. 30 – optional)

Würzvorschläge:

Baby-Portion: edelsüßes Paprikapulver
Für die Großen: Salz, Pfeffer, Kräutersalz, rosenscharfes Paprikapulver etc.

1. Kartoffeln und Karotten waschen, putzen, schälen und in grobe Würfel oder Stücke schneiden. Dann in einen Topf geben, mit Wasser bedecken und 10–15 Minuten garen, bis das Gemüse weich ist.
2. Währenddessen rote Linsen nach Packungsanleitung (ohne Salz) in einem weiteren Topf mit Wasser weich garen.
3. Petersilie waschen, trocken schütteln und fein hacken.
4. Backofen auf 180 °C Ober-/Unterhitze vorheizen.
5. Die Hälfte der gekochten Karotten und Kartoffeln in eine Schüssel füllen und mit dem Gemüsestampfer zerdrücken. Linsen, Petersilie, Mehl und Currypulver hinzufügen und zu einem festen Teig vermischen. Dabei mit 3 EL Mehl beginnen und noch mehr Mehl hinzufügen, falls der Teig zu klebrig ist. Teig nun nach Belieben unterschiedlich würzen (für das Baby und für die Großen).
6. Für die Happen jeweils 1 gehäuften Esslöffel Teig auf ein mit Backpapier ausgelegtes Backblech setzen. Wiederholen, bis der Teig aufgebraucht ist. Happen mit etwas Öl bestreichen und im Ofen 20–25 Minuten backen.

Tipps:

Ab Beikostreife geeignet.

Anstatt Karotten kann man auch Kohlrabi verwenden.

7. Das restliche gegarte Gemüse mit dem restlichen Öl vermischen.
8. Linsen-Möhren-Happen mit den Gemüsestücken anrichten. Die Gemüsestücke erwärmen oder kalt dazu reichen oder mit etwas Gemüsebrühe zerdrücken und zu einer Soße verrühren und zu den Happen genießen.

Tipps:

Ab Pinzettengriff geeignet.

Nach dem Abkühlen klebt die Hirse meist etwas zusammen. Das können Sie für die Babyportion gleich so belassen oder evtl. sogar Hirse-Gemüse-Kugeln formen, damit Ihr Baby das besser greifen kann.

Hirse-Gemüse-Pfanne

Für 1 Baby und 1 Erwachsenen

Gesamtkalorien: 558 kcal | 77,9 g KH | 15 g P | 18,2 g F

Zutaten:

100 g Hirse
200 ml salzfreie Gemüsebrühe (siehe S. 30) oder Wasser
50 g Karotte
50 g rote Paprikaschote
60 g Brokkoli
¼ Bund frische Petersilie
1 EL Öl, z. B. Rapsöl

Würzvorschläge:

Baby-Portion: edelsüßes Paprikapulver, Currypulver
Für die Großen: Salz, Pfeffer, Kräutersalz, rosenscharfes Paprikapulver etc.

1. Hirse in ein Sieb füllen, mit heißem Wasser durchspülen und abtropfen lassen.
2. Gemüsebrühe und Hirse in einen Topf geben, ca. 5 Minuten köcheln lassen und durchrühren. Dann Topf von der Herdplatte nehmen, einen Deckel aufsetzen und Hirse ca. 20 Minuten quellen lassen.
3. Währenddessen Gemüse waschen, putzen und in Stücke, Scheiben oder Streifen schneiden.
4. Petersilie waschen, trocken schütteln und fein hacken.
5. Karotte in einen Topf mit etwas Wasser geben und ca. 5 Minuten dünsten, dann Paprika, Brokkoli und Petersilie zugeben und weitergaren, bis das Gemüse weich gekocht ist.
6. Öl zur Hirse geben, Gemüse hinzufügen und alles unter Rühren ca. 1 Minute garen. Nach Belieben unterschiedlich würzen (für das Baby, für die Großen).

Schmeckt auch gut mit anderem Gemüse wie Süßkartoffeln, Kartoffeln oder Kohlrabi. Petersilie kann man durch Kräuter nach Wahl, zum Beispiel Koriander oder Basilikum, ersetzen. Wenn anstatt Hirse ca. 125 g Nudeln (Farfalle, Penne oder Spirelli) oder 120 g Risottoreis verwendet werden, dann wird eine Nudel- oder Reis-Gemüse-Pfanne daraus.

Brokkoli-Couscous-Frikadellen

Für 10 Stück

Pro Stück: 85 kcal | 10,5 g KH | 3,9 g P | 2,9 g F

Zutaten:

250 g Brokkoli
200 ml salzfreie Gemüsebrühe (siehe S. 30) oder Wasser
125 g Couscous
2 Eier
2–4 EL Mehl oder Haferflocken (ganz oder gemahlen)
1–2 EL Öl, z. B. Rapsöl

Würzvorschläge:

Baby-Portion: edelsüßes Paprikapulver, getrocknetes Basilikum, getrockneter Oregano
Für die Großen: Salz, Pfeffer, Kräutersalz, rosenscharfes Paprikapulver etc.

1. Brokkoli putzen, in Röschen teilen, waschen und in einem Topf mit etwas Wasser weich garen. Dann Kochwasser abgießen und den weichen Brokkoli mit einem Gemüsestampfer zerdrücken und abkühlen lassen.
2. Gemüsebrühe in einem Topf erhitzen. Couscous in einer Schüssel mit der heißen Gemüsebrühe übergießen und 5–10 Minuten quellen lassen. Dann mit einer Gabel auflockern.
3. Brokkolistampf, Couscous, Eier und 2 EL Mehl in einer Schüssel vermengen. Evtl. noch etwas Mehl hinzufügen, damit der Teig sich bindet. Nach Belieben die Masse unterschiedlich würzen (für das Baby und für die Großen). Aus dem Teig insgesamt 10 Frikadellen formen.
4. Öl portionsweise in einer Pfanne erhitzen und erst die Baby-Frikadellen, danach die Frikadellen für die Großen ausbacken. Dabei Frikadellen erst bei hoher Hitze rundum kurz anbraten und dann bei mittlerer Hitze in 5–8 Minuten durchgaren. Alternativ im Backofen bei 170 °C Umluft 20–25 Minuten backen. Dazu mit Öl bestreichen und nach ca. 10 Minuten einmal wenden.

Tipps:

Ab Beikostreife geeignet.

In den Teig kann man noch 1 EL frisch gehackte Kräuter wie Petersilie, Basilikum oder Oregano einkneten. Zur Babyportion schmecken die Aufstriche und Dips ab S. 133, zur ***Erwachsenenportion*** Salsa oder ein Kräuter-Joghurt-Dip. Auch sehr gut als Beilage.

Tipps:

Ab Pinzettengriff geeignet.

Nach dem Abkühlen klebt Couscous meist etwas zusammen. Das können Sie für die Babyportion gleich so belassen oder evtl. Couscous-Kugeln formen, die Ihr Baby besser greifen kann.

Couscous mit Zucchini und Karotte

Für 1 Baby und 1 Erwachsenen

Gesamtkalorien: 509 kcal | 76,7 g KH | 14,7 g P | 13,1 g F

Zutaten:

160 ml salzfreie Gemüsebrühe (siehe S. 30) oder Wasser
100 g Couscous
1 Karotte (ca. 120 g)
1 Stück Zucchini (ca. 100 g)
1 TL Öl, z. B. Rapsöl

Würzvorschläge:

Baby-Portion: edelsüßes Paprikapulver, Currypulver
Für die Großen: Salz, Pfeffer, Kräutersalz, rosenscharfes Paprikapulver etc.

1. Gemüsebrühe in einem Topf erhitzen. Couscous in einer Schüssel mit der heißen Gemüsebrühe übergießen und 5–10 Minuten quellen lassen. Dann mit einer Gabel auflockern.
2. Karotte und Zucchini waschen und putzen, Karotte evtl. schälen, dann beides in kleine Stücke schneiden.
3. Karotte mit etwas Wasser in einen Topf geben und ca. 5 Minuten dünsten, dann die Zucchini hinzufügen und weitergaren, bis das Gemüse weich ist. Danach das Wasser abgießen.
4. Öl in den Topf zum Gemüse geben, Couscous einrühren und erwärmen. Vor dem Servieren nach Belieben unterschiedlich würzen (für das Baby und für die Großen).

Auch anderes Gemüse wie Pastinaken oder Kohlrabi schmeckt gut im Couscous. Ebenfalls lecker: Frische Kräuter, zum Beispiel Petersilie, fein hacken und untermischen. Wenn anstatt Couscous 125 g Nudeln (Farfalle, Penne oder Spirelli) oder 120 g gekochter Risottoreis verwendet werden, wird daraus eine Nudel- oder Reis-Pfanne mit Gemüse.

Nudeln mit Blumenkohl-Bolognese

Für 1 Baby und 1 Erwachsenen

Gesamtkalorien: 696 kcal | 111 g KH | 24,7 g P | 14 g F

Zutaten:

125 g rohe Nudeln, z. B. Farfalle, Penne oder Spirelli
½ Zwiebel oder 1 Schalotte
300 g Blumenkohl
¼ Bund Petersilie oder Kräuter nach Belieben
1 EL Öl, z. B. Rapsöl
1 EL Tomatenmark
200 g stückige Tomaten aus der Dose

Würzvorschläge:

Baby-Portion: edelsüßes Paprikapulver, getrocknetes Basilikum, getrockneter Oregano
Für die Großen: Salz, Pfeffer, Kräutersalz, rosenscharfes Paprikapulver etc.

1. Wasser in einem Topf erhitzen und die Nudeln darin nach Packungsanleitung (ohne Salz) weich kochen. Dann durch ein Sieb abgießen und warm stellen.
2. Währenddessen Zwiebel schälen und fein hacken.
3. Blumenkohl putzen, in Röschen teilen, waschen und raspeln oder fein hacken.
4. Petersilie waschen, trocken schütteln und fein hacken.
5. Öl in einem Topf erhitzen und Zwiebel und Tomatenmark darin andünsten.
6. Blumenkohl und Petersilie hinzufügen und 2–3 Minuten mitbraten. Stückige Tomaten untermischen. Blumenkohl-Bolognese ca. 10 Minuten unter gelegentlichem Rühren köcheln lassen. Nach Belieben die Portion für die Erwachsenen noch nachwürzen.
7. Soße zu den Nudeln reichen oder alles vermischen.

Tipps:

Ab Beikostreife geeignet.

Babys können anfangs kurze, dicke Nudeln gut greifen und festhalten. Dazu am besten wenig Soße mit ein paar Nudeln vermischen. Mit Erlernen des Pinzettengriffs können sie zunehmend auch kleinere Nudeln halten und die kleinstückige Soße mit den Händen aufnehmen. Ab 8–10 Monaten kann man dem Baby Kinderbesteck als Hilfsmittel reichen.

Sie können die Nudelmenge beliebig anpassen. Anstatt Nudeln können Sie auch klebrigen Reis, zum Beispiel gekochten Risottoreis, oder gedämpftes Gemüse wie Kartoffeln, Karotten, Blumenkohl, Brokkoli oder Kohlrabi mit etwas Soße vermischen. Auch gut: 100–150 g Blumenkohl durch Hackfleisch ersetzen.

Avocado-Nudeln

Für 1 Baby und 1 Erwachsenen

Gesamtkalorien: 787 kcal | 110,3 g KH | 22,1 g P | 18,3 g F

Zutaten:
150 g rohe Nudeln, z. B. Penne
1 kleine Avocado (ca. 100 g Fruchtfleisch)
1 TL Sesammus (Tahin)

Würzvorschläge:
Baby-Portion: edelsüßes Paprikapulver, getrockneter Thymian oder Oregano
Für die Großen: Salz, Pfeffer, Kräutersalz, Chilipulver etc.

1. Nudeln in einem Topf mit Wasser nach Packungsanleitung (ohne Salz) weich kochen. Dann durch ein Sieb abseihen, dabei etwas Garwasser auffangen.
2. Avocado halbieren, entkernen und das Fruchtfleisch mit einem Löffel aus der Schale heben. In einer Schüssel mit einer Gabel zerdrücken und mit Sesammus und 1–2 EL Garwasser verrühren.
3. Nudeln mit der Avocadosoße vermischen und unterschiedlich würzen (für das Baby und für die Großen).

Tipps:

Ab Beikostreife geeignet.

Auch lecker: Frische Kräuter wie Petersilie fein hacken und untermischen. Dazu kann man fingerdicke Gurkenstreifen, in Spalten geschnittene Tomaten oder etwas gedämpftes Gemüse wie Karotten und Kohlrabi reichen.

Gerichte mit Fleisch, Fisch und Huhn

Hackbällchen oder Mini-Frikadellen mit Gemüsesticks

Für 1 Baby und 1 Erwachsenen

Pro Hackbällchen (bei 10 Stück gesamt): 68 kcal | 2 g KH | 5,1 g P | 4,7 g F

Für die Gemüsesticks: Gesamtkalorien: 129 kcal | 12,4 g KH | 5 g P | 5,6 g F

Zutaten:
2 Karotten (ca. 160 g)
1 Stück Kohlrabi (ca. 100 g)
1 Stück Zucchini (ca. 150 g)
½ kleine Zwiebel
200 g Hackfleisch, z. B. vom Rind
1 Ei
1 TL Tomatenmark (optional)
1–2 EL Haferflocken oder Semmelbrösel
1½ EL Öl, z. B. Rapsöl

Würzvorschläge:
Baby-Portion: edelsüßes Paprikapulver, getrockneter Thymian oder Oregano
Für die Großen: Salz, Pfeffer, Kräutersalz, rosenscharfes Paprikapulver etc.

1. Gemüse waschen, abtrocknen und putzen.
2. 1 Karotte und den Kohlrabi evtl. schälen und in 1–1½ cm breite Gemüsesticks schneiden. Sticks mit etwas Wasser in einen Topf geben und 5 Minuten dünsten.
3. Währenddessen Zucchini putzen, waschen und ebenso in Sticks schneiden. Nach 5 Minuten zu dem Gemüse im Topf geben und weitere 5–7 Minuten garen.
4. Die restliche Karotte evtl. schälen und fein reiben.
5. Zwiebel schälen und hacken.
6. Karottenraspel, Zwiebel, Hackfleisch, Ei, Tomatenmark und 1 EL Haferflocken in einer Schüssel gut verkneten. Evtl. mehr Haferflocken hinzufügen, um die Masse zu binden. Nach Belieben unterschiedlich würzen (für das Baby und für die Großen) und aus dem Fleischteig insgesamt 10 Hackbällchen oder Mini-Frikadellen formen.

Tipps:

Ab Beikostreife geeignet.

Die Gemüsesticks am besten mit einem Wellenschneider schneiden. So ist das Gemüse griffiger für das Baby.

7. 1 EL Öl in einer Pfanne erhitzen und die Bällchen oder Frikadellen darin rundum anbraten und dann in 7–10 Minuten durchgaren. Alternativ auf einem mit Backpapier ausgelegten Backblech bei 180 °C Umluft 12–17 Minuten (je nach Größe) im Backofen backen.
8. Hackbällchen aus der Pfanne nehmen und warm stellen.
9. Das restliche Öl in die Pfanne geben, Gemüsesticks zufügen und kurz erwärmen. Bällchen mit den Sticks zusammen genießen.

JUST
MILE!

Gemüse-Filet-Auflauf

Für 1 Baby und 1 Erwachsenen

Gesamtkalorien: 770 kcal | 31,2 g KH | 62,2 g P | 39,9 g F

Zutaten:
300 g Blumenkohl
200 g Brokkoli
1 Karotte (ca. 100 g)
1 kleine Zwiebel
200 g Schweinelende
1 EL Butter oder Margarine plus mehr für die Form
1 EL Mehl, z. B. Dinkelmehl Type 630
100 g salzfreie Gemüsebrühe (siehe S. 30)
100 ml Sahne
½–1 TL getrocknete Kräuter, z. B. Oregano oder Thymian

Auflaufform (z. B. 20 × 25 cm)

Würzvorschläge:
Für die Großen: Salz, Pfeffer, Kräutersalz

1. Blumenkohl und Brokkoli putzen, in Röschen teilen, waschen und abtropfen lassen.
2. Karotte waschen, evtl. schälen, putzen und in Scheiben schneiden.
3. Gemüse in einen Topf mit Wasser geben und so lange kochen, bis es bissfest ist.
4. Zwiebel schälen und fein hacken.
5. Fleisch mit Wasser abbrausen und mit Küchenpapier trocken tupfen.
6. Butter in einem Topf schmelzen. Zwiebel hinzufügen und bei mittlerer Hitze in 3–5 Minuten glasig dünsten. Dann das Mehl darüberstreuen und verrühren. Es sollten keine Klümpchen entstehen.
7. Brühe, Sahne und getrocknete Kräuter unter Rühren zufügen und Soße etwas andicken lassen, dann Topf von der Herdplatte nehmen.
8. Backofen auf 180 °C Umluft vorheizen und eine Auflaufform fetten.
9. Das Lendenstück in die Mitte des Auflaufs geben und das Gemüse darum verteilen. Dann die Soße darübergießen. Form in den Ofen schieben und Auflauf 20–25 Minuten backen.

10. Zum Servieren etwas Gemüse auf den Babyteller geben. Ein Scheibe des Filetstücks abschneiden, in fingerdicke Streifen schneiden und zum Gemüse legen.

11. Nach Belieben die Erwachsenenportion noch nachwürzen.

Tipps:

Ab Beikostreife geeignet.

Anstatt Blumenkohl, Brokkoli und Karotten kann man auch eine andere Gemüsekombination wie Kartoffeln, Karotten und Kohlrabi verwenden.

Der Erwachsenenportion kann man noch etwas Frischkäse untermischen.

Auch lecker: Frische Kräuter wie Petersilie fein hacken und zugeben.

Man kann auch nur den Gemüseauflauf zubereiten und nach Belieben 1 Steak oder 1 Hähnchenbrustfilet in der Pfanne anbraten und zum Gemüse genießen.

Fleisch auf Vorrat

Zutaten:
150 g Fleisch, z. B. Hähnchenbrust, Putenbrust, mageres Lamm-, Schweine- (Lende) oder Rindfleisch (Filet), Hackfleisch und mageres Kalbfleisch

1. Fleisch mit Wasser abbrausen und mit Küchenpapier trocken tupfen.
2. Zusammen mit 100 ml Wasser in einen Topf geben und in 5–20 Minuten (je nach Fleischsorte) weich garen.
3. Danach altersgerecht in Streifen, Stücke oder Scheiben schneiden.

Tipps:

So können Sie Fleischstücke für Ihr Baby auf Vorrat zubereiten, einfrieren und bei Bedarf eine kleine Menge zu den Mahlzeiten reichen (**wichtig:** nach dem Auftauen das Fleisch nochmals durcherhitzen). Alternativ können Sie das Fleisch in der Pfanne mit etwas Öl braten. Die oben genannte Zubereitung eignet sich natürlich auch für Fischfilets.

Tipps:

Ab Beikostreife geeignet.

Anstatt Lachs kann man auch anderes Fischfilet wie Kabeljau verwenden. Auch lecker: Frische Kräuter, zum Beispiel Petersilie oder Dill, fein hacken und untermischen. Zu den Bällchen kann man fingerdicke Gurkenstreifen, in Spalten geschnittene Tomaten oder etwas gedämpftes Gemüse wie Karotten und Zucchini reichen.

Kartoffel-Lachs-Bällchen

Für 12 Stück

Gesamtkalorien: 66 kcal | 6,8 g KH | 3,6 g P | 2,6 g F

Zutaten:

360 g Kartoffeln
125 g Lachsfilet
1 Ei
4–6 EL Mehl, z. B. Dinkelmehl Type 630
1 EL Öl, z. B. Rapsöl

Würzvorschläge:

Baby-Portion: edelsüßes Paprikapulver
Für die Großen: Salz, (weißer) Pfeffer, Kräutersalz etc.

1. Kartoffeln schälen, waschen und in kleine Würfel schneiden. In einen Topf geben und mit etwas Wasser in 10–15 Minuten weich kochen. Wasser abgießen, Kartoffeln mit dem Gemüsestampfer zerdrücken und abkühlen lassen.
2. Backofen auf 180 °C Ober-/Unterhitze vorheizen.
3. Lachsfilet mit Wasser abbrausen, mit Küchenpapier trocken tupfen, in kleine Stücke hacken und zum Kartoffelstampf geben.
4. Ei und Mehl untermischen, dabei mit 4 EL Mehl beginnen und evtl. mehr Mehl hinzufügen, bis ein formbarer Teig entsteht. Nach Belieben unterschiedlich würzen (für das Baby, für die Großen), dann aus dem Teig ca. 12 Bällchen formen und auf einem mit Backpapier belegten Backblech verteilen.
5. Bällchen mit Öl bestreichen und 20–25 Minuten im Ofen backen. Alternativ in einer Pfanne mit Öl braten.

Fischstäbchen mit Kartoffel-Wedges

Für 1 Baby und 1 Erwachsenen

Gesamtkalorien: 761 kcal | 90,2 g KH | 50,5 g P | 20,8 g F

Zutaten:
2–3 Kartoffeln
1½ EL Öl, z. B. Rapsöl
½ TL edelsüßes Paprikapulver
1 Prise getrocknete Kräuter, z. B. Rosmarin oder Thymian
180 g Kabeljaufilet, frisch oder TK, aufgetaut
1 Ei
4–5 EL Mehl, z. B. Dinkelmehl Type 630
3–5 EL Semmelbrösel

Würzvorschläge:
Baby-Portion: edelsüßes Paprikapulver
Für die Großen: Salz, Pfeffer, Kräutersalz, rosenscharfes Paprikapulver etc.

1. Backofen auf 200 °C Umluft vorheizen.
2. Kartoffeln schälen, waschen und in feine Spalten schneiden. In einer Schüssel mit 1 EL Öl, Paprikapulver und getrockneten Kräutern vermischen. Auf einem mit Backpapier ausgelegten Backblech verteilen. Die Portion für die Großen noch mit Salz und Pfeffer würzen. Blech in den Ofen schieben und Kartoffeln 10 Minuten vorbacken.
3. Währenddessen Fisch mit Wasser abbrausen, mit Küchenpapier trocken tupfen und dann in Stäbchenform (5 × 2½ cm) schneiden. Die Fischstücke für die Großen vor dem Panieren mit Salz und Pfeffer würzen.
4. Ei in einem tiefen Teller mit dem Schneebesen verquirlen. Mehl und Semmelbrösel jeweils in einen weiteren tiefen Teller geben.
5. Fischstäbchen erst im Mehl, dann im Ei und schließlich in den Semmelbröseln wenden.
6. Fischstäbchen auf einem weiteren mit Backpapier ausgelegten Backblech verteilen oder in eine gefettete Auflaufform legen. Mit dem restlichen Öl bepinseln, nach den 10 Minuten Backzeit zu den Kartoffel-Wedges in den Ofen schieben und 20–25 Minuten backen. Nach ca. 10 Minuten Fischstäbchen und Wedges wenden, Fischstäbchen nochmals mit Öl bepinseln und fertig backen.

Tipps:

Ab Beikostreife geeignet.

Anstatt Kabeljau kann man auch Lachs verwenden.

Tipps:

Ab Beikostreife geeignet.

Zu den Nudeln kann man fingerdicke Gurkenstreifen, in Spalten geschnittene Tomaten oder etwas gedämpftes Gemüse wie Karotten und Zucchini reichen. Die ***Erwachsenenportion*** vor dem Servieren nach Belieben noch mit frischem Basilikum oder Parmesan bestreuen.

Nudeln mit Lachs und Brokkoli

Für 1 Baby und 1 Erwachsenen

Gesamtkalorien: 784 kcal | 97,1 g KH | 37,8 g P | 25,6 g F

Zutaten:

125 g Nudeln, z. B. Farfalle, Penne, Spirelli
100 g Brokkoli
125 g Lachsfilet
1 EL Öl, z. B. Rapsöl

Würzvorschläge:

Baby-Portion: getrockneter Thymian, getrocknetes Basilikum
Für die Großen: Salz, Pfeffer, Kräutersalz, rosenscharfes Paprikapulver etc.

1. Nudeln in einem Topf mit Wasser nach Packungsanleitung (ohne Salz) weich garen.
2. Währenddessen Brokkoli putzen und in Röschen teilen, waschen, dann in einem weiteren Topf mit Wasser 4–6 Minuten blanchieren. In ein Sieb abgießen, mit kaltem Wasser abbrausen und gut abtropfen lassen.
3. Lachsfilet mit Wasser abbrausen, mit Küchenpapier trocken tupfen und in grobe Würfel schneiden.
4. Öl in einer Pfanne erhitzen und Lachsstücke darin bei mittlerer Hitze rundherum anbraten. Dann Hitze reduzieren und Lachs in 1–2 Minuten durchgaren.
5. Brokkoli und Nudeln zum Lachs geben und erwärmen.
6. Die Portion für die Großen nach Belieben würzen.

Lachs- oder Fischfrikadellen

Für 8 Stück

Pro Stück: 102 kcal | 4,9 g KH | 8,1 g P | 5,6 g F

Zutaten:
250 g Lachsfilet, frisch oder TK, oder ein anderes festfleischiges Fischfilet wie Kabeljau
1 kleine Zwiebel
½ Bund Petersilie
1 Ei
4–6 EL Semmelbrösel
1 EL Öl, z. B. Rapsöl

Würzvorschläge:
Baby-Portion: edelsüßes Paprikapulver, getrockneter Thymian oder Oregano
Für die Großen: Salz, Pfeffer, Kräutersalz etc.

1. Lachs mit Wasser abbrausen, mit Küchenpapier trocken tupfen und fein hacken.
2. Zwiebel schälen, halbieren und klein würfeln.
3. Petersilie waschen, trocken schütteln und hacken.
4. Alle Zutaten außer dem Öl in einer Schüssel vermischen. Dabei mit 4 EL Semmelbröseln beginnen und bei Bedarf mehr hinzufügen, bis eine gut formbare, feste Masse entsteht. Nach Belieben unterschiedlich würzen (für Baby und für die Großen). Aus dem Fischteig insgesamt 8 Frikadellen formen.
5. Öl in einer Pfanne erhitzen und Frikadellen darin erst bei hoher Hitze von beiden Seiten anbraten, dann bei mittlerer Hitze je nach Dicke in 5–8 Minuten durchgaren.

Tipps:

Ab Beikostreife geeignet.

Dazu schmecken die herzhaften Aufstriche und Dips ab S. 133, zum Beispiel Avocado-Kräuter-Aufstrich. Zu den Frikadellen kann man fingerdicke Gurkenstreifen, in Spalten geschnittene Tomaten oder etwas gedämpftes Gemüse wie Karotten und Kartoffeln reichen.

Tipps:

Ab Beikostreife geeignet.

Gemüsenudeln lassen sich auch aus Karotten, Kohlrabi oder Zucchini schneiden. Der Erwachsenenportion kann man noch etwas Frischkäse untermischen. Zur Erwachsenenportion schmeckt zum Beispiel Kräuterquark. Auch lecker: Frische Kräuter wie Petersilie fein hacken und zugeben.

Gemüsenudeln mit Hähnchen

Für 1 Baby und 1 Erwachsenen

Gesamtkalorien: 419 kcal | 16,2 g KH | 54,8 g P | 14,6 g F

Zutaten:

1–2 Zucchini
1 rote (Spitz-)Paprikaschote
200 g Hähnchenbrustfilet
1 EL Öl, z. B. Rapsöl

Würzvorschläge:

Baby-Portion: edelsüßes Paprikapulver
Für die Großen: Salz, Pfeffer, Kräutersalz

1. Gemüse waschen und putzen. Zucchini mit einem Spiralschneider in Nudelform und Paprika in feine Streifen schneiden.
2. Hähnchen mit Wasser abbrausen, mit Küchenpapier trocken tupfen und in grobe Stücke schneiden.
3. Öl in einer Pfanne erhitzen und Hähnchenstücke darin kurz rundherum anbraten, dann bei mittlerer Hitze in 5–8 Minuten durchgaren.
4. Währenddessen in einem Topf Wasser erhitzen und die Gemüsenudeln darin in 3–5 Minuten weich garen. Dann durch ein Sieb abgießen.
5. Gemüsenudeln und Hähnchen nach Belieben unterschiedlich würzen (für das Baby, für die Großen) und gemeinsam genießen.

Hähnchen-Pastinaken-Kroketten

Für 9 Stück

Pro Stück: 77 kcal | 6 g KH | 7 g P | 2,5 g F

Zutaten:

1 EL Öl, z. B. Rapsöl
250 g Pastinaken
200 g Hähnchenbrustfilet
½ Bund Petersilie
1 Ei
3–4 EL zarte Haferflocken
1 TL edelsüßes Paprikapulver

Würzvorschläge:

Baby-Portion: edelsüßes Paprikapulver, getrocknete Kräuter wie Basilikum, Oregano

Für die Großen: Salz, Pfeffer, Kräutersalz, rosenscharfes Paprikapulver etc.

1. Backofen auf 170 °C Umluft vorheizen. Ein Backblech mit Backpapier auslegen und mit etwas Öl bestreichen.
2. Pastinaken waschen, schälen und raspeln.
3. Hähnchenbrust mit Wasser abbrausen und mit Küchenpapier trocken tupfen. Dann fein hacken.
4. Petersilie waschen, trocken schütteln und fein hacken.
5. Alle Zutaten in einer Schüssel zu einer klebrigen Masse vermischen. Teig nach Belieben unterschiedlich würzen (für das Baby und für die Großen). Mit angefeuchteten Händen insgesamt 9 Kroketten aus dem Teig formen und auf das Backpapier legen. Mit dem restlichen Öl bestreichen.
6. Blech in den Ofen schieben und Kroketten in ca. 25 Minuten goldbraun backen. Alternativ mit etwas Öl in der Pfanne braten.

Tipps:

Ab Beikostreife geeignet.

Zur Babyportion schmecken die herzhaften Aufstriche und Dips ab S. 133, zur ***Erwachsenenportion*** Salsa oder ein Kräuter-Joghurt-Dip. Zu den Frikadellen kann man fingerdicke Gurkenstreifen, in Spalten geschnittene Tomaten oder etwas gedämpftes Gemüse wie Karotten reichen.

Brot, Brötchen, Gebäck

Mini-Croissants

Für 16 Stück

pro Stück: 96 kcal | 15,8 g KH | 2,2 g P | 2,4 g F

*

Zutaten:

1–2 Bananen (ca. 160 g)
35 ml Öl, z. B. Rapsöl
70 ml Milch oder Pflanzendrink
½ Päckchen Trockenhefe (3 ½ g) oder 10 g frische Hefe
300 g Mehl, z. B. Dinkelmehl Type 630 plus mehr für die Arbeitsfläche

*** mit Pflanzendrink milcheiweißfrei**

1. Banane(n) schälen, mit dem Öl in eine Schüssel geben und mit dem Stabmixer pürieren.
2. Die Milch in einem Topf lauwarm erwärmen.
3. Alle Zutaten zur Banane geben und mit dem Handrührgerät gut verkneten. Falls frische Hefe verwendet wird, diese erst in der lauwarmen Milch auflösen. Wenn der Teig zu klebrig ist, noch etwas Mehl einkneten.
4. Schüssel mit einem Tuch abdecken und Teig mindestens 1 Stunde an einem warmen Ort gehen lassen.
5. Backofen auf 200 °C Ober-/Unterhitze vorheizen.
6. Teig in 2 Portionen teilen und jeweils zu einer Kugel formen. Eine Kugel auf der bemehlten Arbeitsfläche dünn kreisförmig ausrollen, dann in 8 gleichmäßige Dreiecke schneiden.
7. Dreiecke von der breiten Außenseite nach innen einrollen. Die Spitze des Teigs gut andrücken und die spitzen Enden noch leicht nach innen biegen und etwas festdrücken. Dann Croissants auf ein mit Backpapier ausgelegtes Backblech legen.
8. Vorgang mit der anderen Teigkugel wiederholen.
9. Croissants mit Wasser bepinseln, in den Ofen schieben und in 15–20 Minuten goldgelb backen. Anschließend abkühlen lassen.

Tipps:

Ab Beikostreife geeignet.

Zu den Hörnchen schmecken zum Beispiel Nussmus, pürierte Früchte oder ungezuckertes Apfelmus.

Knusperstangen

Für 15 Stück

Kalorien pro Stück: 96 kcal | 11,1 g KH | 2,1 g P | 4,5 g F

Zutaten:

150 g Karotten
250(–270) g Mehl, z. B. Dinkelvollkornmehl
60 ml Öl, z. B. Rapsöl
1–3 EL Wasser

1. Karotten schälen, putzen und in kleine Würfel schneiden. Mit etwas Wasser in einen Topf geben und in 6–10 Minuten weich kochen, dann das Garwasser abgießen. Karotten mit dem Gemüsestampfer zerdrücken und abkühlen lassen.
2. Backofen auf 180 °C Umluft vorheizen.
3. Karottenmus mit Mehl und Öl in eine Schüssel geben und mit dem Handrührgerät verkneten. Evtl. noch 1–3 EL Wasser hinzufügen, falls der Teig noch zu fest ist, oder noch etwas Mehl, falls er zu klebrig ist. Aus dem Teig 15 Stangen (ca. 1½–2 cm dick) formen und auf ein mit Backpapier ausgelegtes Backblech legen.
4. Blech in den Ofen schieben und Stangen 30 Minuten backen. Danach auskühlen lassen.

Tipps:

Ab Beikostreife geeignet.

Anstatt Karotten kann man ebenso Süßkartoffeln verwenden. Man kann auch erst ein paar Stangen für das Baby formen und dann 1 EL Sesam in den Teig kneten. Evtl. die Stangen ***für die Großen*** vor dem Backen mit etwas Meersalz bestreuen.

Süßkartoffelbrot

ca. 20 Scheiben

Kalorien pro Scheibe: 113 kcal | 20,1 g KH | 3,5 g P | 1,7 g F

Zutaten:

360 g Süßkartoffeln
1 Päckchen Trockenhefe (7 g) oder 21 g frische Hefe
150–200 ml lauwarmes Wasser
400 g Mehl, z. B. 300 g Dinkelmehl Type 630 plus 100 g Dinkelvollkornmehl
100 g zarte Haferflocken
2 EL Öl, z. B. Rapsöl

1. Süßkartoffeln schälen, waschen und in kleine Würfel schneiden. In einen Topf mit etwas Wasser geben und in 6–10 Minuten weich kochen. Wasser abgießen, dann Süßkartoffeln mit dem Gemüsestampfer zerdrücken und abkühlen lassen.
2. Süßkartoffelpüree mit den restlichen Zutaten in eine Schüssel geben und mit dem Handrührgerät gut verkneten. Dabei mit 150 ml Wasser beginnen und mehr zugießen, falls der Teig zu trocken ist. Wenn frische Hefe verwendet wird, diese erst im lauwarmen Wasser auflösen. Schüssel mit einem Küchentuch abdecken und Teig mindestens 1 Stunde an einem warmen Ort gehen lassen.
3. Teig danach durchkneten und zu einem Brotlaib formen. Auf ein mit Backpapier ausgelegtes Backblech setzen und zugedeckt noch mal 30 Minuten ruhen lassen.
4. Backofen auf 220 °C Ober-/Unterhitze vorheizen.
5. Brot in den Ofen schieben und in ca. 40 Minuten goldbraun backen.

Tipps:

Ab Beikostreife geeignet.

Zur Babyportion schmecken die Aufstriche und Dips ab S. 133 oder auch nur etwas Nussmus. ***Die Großen*** können das Brot nach Wunsch belegen mit Wurst, Schinken, Käse etc.

Bananenbrot

Für ca. 18 Scheiben

pro Scheibe: 103 kcal | 15,1 g KH | 2,1 g P | 3,6 g F

Zutaten:

3 reife Bananen (ca. 290 g)
80 g ungezuckertes Apfelmark
60 ml Öl, z. B. Rapsöl
280 g Mehl, z. B. Dinkelmehl Type 630
2 TL Backpulver

1 Kastenform (20 cm Länge)

1. Backofen auf 180 °C Ober-/Unterhitze vorheizen.
2. Bananen schälen, in grobe Stücke teilen und mit dem Apfelmark und dem Öl in eine Schüssel geben. Mit dem Stabmixer pürieren.
3. Mehl und Backpulver hinzufügen und alles mit dem Handrührgerät gut vermischen.
4. Backform mit Backpapier auslegen, den Teig einfüllen und glatt streichen. Brot im Ofen 45–50 Minuten backen (Stäbchenprobe!).
5. Vor dem Anschneiden abkühlen lassen.

Tipps:

Ab Beikostreife geeignet.

Zur Babyportion schmecken die Aufstriche und Dips ab S. 133 oder auch nur etwas Nussmus oder ungesüßtes Apfelmark. ***Für die Großen*** lecker als Frühstücksbrot mit Butter, Marmelade oder Schoko-Aufstrich.

Vollkorn-Toastbrot

Für ca. 25 Scheiben

pro Scheibe: 96 kcal | 14,9 g KH | 3 g P | 2,5 g F

Zutaten:

1 Päckchen Trockenhefe (7 g) oder 21 g frische Hefe
350 ml lauwarmes Wasser
55 g flüssige Butter plus mehr für die Form
2 TL Mandelmus
250 g Vollkornmehl, z. B. Dinkelvollkornmehl
300 g Mehl, z. B. Dinkelmehl Type 630

Kastenform (28 cm Länge)

1. Alle Zutaten in eine Schüssel geben und mit dem Handrührgerät gut verkneten. Falls frische Hefe verwendet wird, diese erst in 100 ml lauwarmem Wassers auflösen.
2. Schüssel mit einem Küchentuch abdecken und Teig mindestens 1 Stunde an einem warmen Ort gehen lassen.
3. Kastenform einfetten oder mit Backpapier auslegen. Den Teig nochmals durchkneten, zu einem länglichen Laib formen und in die Form setzen. Zugedeckt nochmals 30 Minuten ruhen lassen.
4. Backofen auf 200 °C Ober-/Unterhitze vorheizen und ein feuerfestes Gefäß mit Wasser auf den Boden des Backofens stellen.
5. Brot mit Wasser bestreichen und 40–45 Minuten im Ofen backen. Dann auskühlen lassen und die Brotscheiben vor dem Verzehr toasten.

Tipps:

Ab Beikostreife geeignet.

Das Mandelmus kann man durch Öl, zum Beispiel Rapsöl, oder Cashewmus bzw. ein beliebiges anderes Nussmus ersetzen.

Zur Babyportion schmecken die Aufstriche und Dips ab S. 133 oder etwas Nussmus oder ungesüßtes Apfelmark. ***Die Großen*** können das getoastete Brot nach Wunsch belegen mit Wurst, Schinken, Käse etc.

Naanbrot

Für 5 Stück

pro Stück: 134 kcal | 23,8 g KH | 5,3 g P | 0,4 g F

Zutaten:
160 g Mehl, z. B. Dinkelmehl Type 630 plus mehr für die Arbeitsfläche
150 g Naturjoghurt
1 EL Öl, z. B. Rapsöl

1. Mehl und Joghurt in eine Schüssel geben und mit dem Handrührgerät zu einem glatten, festen Teig verkneten.
2. 5 kleine Kugeln aus dem Teig formen und diese jeweils auf der bemehlten Arbeitsfläche zu Fladen ausrollen.
3. Eine Pfanne mit Öl auspinseln, auf mittlerer Stufe erwärmen und die Brote darin (portionsweise) von beiden Seiten ca. 5 Minuten backen. Zwischen den Backvorgängen Pfanne wieder mit Öl einpinseln.

Tipps:

Ab Beikostreife geeignet.

Zur Babyportion schmecken die Aufstriche und Dips ab S. 133. Man kann auch 1 EL frisch gehackte Kräuter oder 1 TL getrocknete Kräuter wie Petersilie oder Oregano in den Teig mischen.

Softe Brötchen

Für 12 Stück

pro Stück: 162 kcal | 32,4 g KH | 5,1 g P | 0,7 g F

*

Zutaten:

200–220 ml Milch oder Pflanzendrink, z. B. ungesüßter Mandeldrink
1 Päckchen Trockenhefe (7 g) oder 21 g frische Hefe
560 g Mehl, z. B. Dinkelmehl Type 630
180 g ungezuckertes Apfelmark

1. Die Milch in einem Topf lauwarm erwärmen.
2. Alle Zutaten in eine Schüssel geben und mit dem Handrührgerät zu einem glatten Teig verkneten. Dabei mit 200 ml Milch beginnen und mehr zugießen, wenn der Teig zu trocken ist. Falls frische Hefe verwendet wird, diese erst in 100 ml lauwarmer Milch auflösen. Schüssel mit einem Küchentuch abdecken und Teig mindestens 1 Stunde an einem warmen Ort gehen lassen.
3. Teig nochmals durchkneten und 12 Brötchen daraus formen. Auf ein mit Backpapier ausgelegtes Backblech setzen und zugedeckt noch mal 30 Minuten ruhen lassen.
4. Backofen auf 180 °C Ober-/Unterhitze vorheizen.
5. Brötchen mit Wasser bepinseln und im Ofen 30 Minuten backen.

*** mit Pflanzendrink milcheiweißfrei**

Tipps:

Ab Beikostreife geeignet.

Zur Babyportion schmecken die Aufstriche und Dips ab S. 133 bzw. einfach etwas Nussmus oder pürierte Früchte. Die Brötchen haben eine leichte Süße und sind sehr fluffig. Für ***die Erwachsenen*** kann man noch 1 EL Rosinen unter den Teig heben.

Gesunde Dips und Aufstriche

Süßkartoffel-Linsen-Aufstrich

Für ca. 300 g

Gesamtkalorien: 496 kcal | 70 g KH | 18,5 g P | 14,8 g F

Zutaten:

200 g Süßkartoffeln
60 g rote Linsen
1 EL Öl, z. B. Rapsöl

Würzvorschläge:

Baby-Portion: edelsüßes Paprikapulver, Kurkumapulver, Currypulver
Für die Großen: Salz, Pfeffer, Kräutersalz, rosenscharfes Paprikapulver etc.

1. Süßkartoffeln schälen, waschen, klein schneiden und mit etwas Wasser in einem Topf weich garen. Wasser abgießen und Süßkartoffeln mit dem Gemüsestampfer zerdrücken, dann abkühlen lassen.
2. Währenddessen die roten Linsen nach Packungsanleitung (ohne Salz) in einem weiteren Topf mit Wasser weich garen. Durch ein Sieb abgießen.
3. Linsen und Süßkartoffeln in eine Schüssel geben, mit dem Stabmixer pürieren und nach Belieben unterschiedlich (für das Baby, für die Großen) würzen.

Tipps:

Ab Beikostreife geeignet.

Auch lecker: frische Kräuter wie Petersilie fein hacken und untermischen. Gut als Aufstrich auf Brot und Brötchen oder als Dip zu fingerdicken Gurkenstreifen, in Spalten geschnittenen Tomaten oder gedämpftem Gemüse wie Karotten oder Kohlrabi. Schmeckt fein zu Bratlingen bzw. mit Nudeln vermischt.

Tipps:

Ab Beikostreife geeignet.

Anstatt Koriander kann man auch andere frische Kräuter verwenden, zum Beispiel Basilikum oder Petersilie.

Auch gut: ***die Erwachsenenportion*** mit Limettensaft abschmecken.

Erbsen-Aufstrich

Für ca. 200 g

Gesamtkalorien: 282 kcal | 22 g KH | 14,3 g P | 13,1 g F

Zutaten:

1 Knoblauchzehe
¼ Bund Koriander (optional)
200 g TK-Erbsen
1 EL Öl, z. B. Rapsöl
½ TL gemahlener Kreuzkümmel

Würzvorschläge:

Für die Großen: Salz, Pfeffer, Kräutersalz etc.

1. Knoblauch schälen und fein hacken.
2. Koriander, falls verwendet, waschen, trocken schütteln und hacken.
3. Erbsen, Knoblauch und Koriander in einen Topf mit Wasser geben und Erbsen nach Packungsanleitung (ohne Salz) gar kochen.
4. Erbsen, Knoblauch und Koriander durch ein Sieb abseihen, dabei etwas Garwasser auffangen.
5. Erbsen, Knoblauch und Koriander in eine Schüssel geben, Öl und Kreuzkümmel zufügen und alles mit dem Stabmixer pürieren. Evtl. noch 1–2 EL Garwasser hinzugeben, bis die gewünschte Cremigkeit erreicht ist. Für die Großen kann man den Aufstrich etwas stückiger belassen. Der Anteil für das Baby sollte schön cremig püriert werden. Aufstrich nach Belieben unterschiedlich würzen (für das Baby, für die Großen).

Lecker als Aufstrich auf Brot und Brötchen oder als Dip zu gedämpftem Gemüse wie Karotten, Kartoffeln, Blumenkohl etc. Schmeckt fein zu Bratlingen bzw. mit Nudeln vermischt.

Kürbishummus

Für ca. 250 g

Gesamtkalorien: 610 kcal | 41,9 g KH | 17,6 g P | 40,5 g F

Zutaten:
120 g Kürbis, z. B. Hokkaido
100 g Kichererbsen aus dem Glas
1 EL Öl, z. B. Rapsöl
1–2 EL Wasser
1 Knoblauchzehe (optional)
½ TL Currypulver (optional)
50 g Sesammus (Tahin)

Würzvorschläge:
Baby-Portion: edelsüßes Paprikapulver, getrockneter Thymian oder Oregano
Für die Großen: Salz, Pfeffer, Kräutersalz

1. Backofen auf 180 °C Umluft vorheizen.
2. Kürbis waschen, entkernen und in Spalten schneiden. Beim Hokkaido-Kürbis kann die Schale mit verwendet werden. Kürbisspalten auf ein mit Backpapier ausgelegtes Backblech setzen und im Ofen in 30–40 Minuten weich garen. Aus dem Ofen nehmen und abkühlen lassen. Dann in grobe Würfel schneiden und in eine Schüssel geben.
3. Währenddessen Kichererbsen in ein Sieb abgießen, mit Wasser durchspülen und abtropfen lassen.
4. Kichererbsen mit Öl und 1–2 EL Wasser (je nach gewünschter Konsistenz) zum Kürbis geben und mit dem Stabmixer cremig pürieren.
5. Knoblauch, falls verwendet, schälen und hinzupressen. Currypulver, falls verwendet, und Sesammus hinzufügen und nochmals pürieren. Hummus nach Belieben unterschiedlich würzen (für das Baby, für die Großen).

Tipps:

Ab Beikostreife geeignet.

Auch lecker: frische Kräuter wie Petersilie fein hacken und untermischen. Gut als Aufstrich auf Brot und Brötchen oder als Dip zu fingerdicken Gurkenstreifen, in Spalten geschnittenen Tomaten oder gedämpftem Gemüse wie Karotten oder Kohlrabi. Schmeckt fein zu Bratlingen bzw. mit Nudeln vermischt.

Fruchtaufstrich

Für ca. 150 g

Gesamtkalorien: 97 kcal | 16,6 g KH | 1 g P | 1 g F

Zutaten:

150 g Früchte, z. B. Heidelbeeren, Erdbeeren oder Pflaumen
60 ml reiner Apfelsaft
1 TL Agar-Agar

Würzvorschläge:

Für die Großen: ½ TL flüssiger Honig oder Süßungsmittel nach Belieben

1. Früchte waschen, entstielen oder entkernen und mit dem Apfelsaft in einen Topf geben. Mit dem Stabmixer pürieren.
2. Agar-Agar hinzufügen und Mus bei mittlerer Hitze zum Kochen bringen. Dann Hitze reduzieren und Mus 3–5 Minuten unter Rühren köcheln und eindicken lassen.
3. Nach dem Abkühlen genießen.

Tipps:

Ab Beikostreife geeignet.

Schmeckt lecker als Aufstrich auf Brot und Brötchen oder als Soße zu den Grießtalern (siehe S. 71) oder Apfelschnitten (siehe S. 63). Kann man auch mit gedämpften Apfelstücken zubereiten.

Bonusmaterial zum Buch

Auf **happyfitfood.de/breifrei** habe ich Ihnen weitere Tipps und hilfreiche Downloads rund um Baby Led Weaning zusammengestellt. Sie finden dort zum Beispiel Checklisten für den breifreien Beikoststart und Wochenplan-Vorlagen zum Planen Ihrer Mahlzeiten. Außerdem gebe ich Ihnen meine persönlichen Empfehlungen zu verwendeten Produkten wie Hochstuhl, Kindergeschirr und -besteck u. v. m.

Herzliche Grüße

Veronika Pichl

Über die Autorin

Veronika Pichl ist Autorin zahlreicher Kochbücher und Ratgeber. Mit ihren Büchern und ihrem Blog-Magazin »HappyFitFood – Gesunde Ernährung mit Fun-Faktor« möchte sie ihre Leser zu einem gesünderen und glücklicheren Leben inspirieren. Im riva Verlag sind bereits viele erfolgreiche Bücher von ihr erschienen. Sie lebt mit ihrem Mann und ihren beiden Kindern im schönen Mittelfranken. Mehr Infos zur Autorin und ihren Büchern finden Sie auf **www.veronikapichl.de**. Im Blog-Magazin von Veronika Pichl auf **www.happyfitfood.de** erscheinen regelmäßig leckere Rezepte, Meal-Prep- und Lunchbox-Ideen. Außerdem gibt es wissenswerte Beiträge, um mehr Bewegung in den Alltag zu bringen und Kilos zu verlieren, aber auch Tipps, um seine Ziele zu erreichen – für eine nachhaltige Lebensweise und mehr Zufriedenheit im Leben.

Zutatenregister

A

Apfel 60, 63, 72, 75
Apfelmark 60, 63, 125, 130
Avocado 45,95

B

Banane 64, 67, 72, 76, 118, 125
Beeren 67, 76, 141
Blumenkohl 50, 92, 101
Brokkoli 38, 54, 87, 88, 101, 109
Butter 60, 63, 68,72, 75, 101, 126

C

Champignons 30
Couscous 88, 91

E

Ei 34, 37, 38, 41, 42, 45, 46, 50, 54, 60, 63, 64, 67, 68, 75, 88, 98, 105, 106, 110, 114
Erbsen 42, 137

F

Fisch 105, 106, 109, 110
Fleisch 98, 101, 103

G

Grieß 71

H

Haferflocken 41, 46, 49, 63, 67, 72, 76, 80, 98, 114, 122
Hirse 80, 83, 87
Huhn 101, 113, 114

J

Joghurt 54, 129

K

Karotte 30, 33, 41, 46, 53, 54, 72, 75, 80, 84, 87, 91, 98, 101, 121
Kartoffeln 41, 49, 53, 84, 105, 106
Käse 54
Kichererbsen 57, 138
Knoblauch 30, 53, 137, 138
Kohlrabi 98
Kürbis 37, 57, 83, 138

L

Lauch 30
Linsen 80, 84, 134

M

Mandelmus 126

N

Nudeln 92, 95, 109

P

Paprikaschote 87, 113
Parmesan 54
Pastinaken 33, 114

S

Sahne 101
Schalotte 53, 92
Sellerie 30
Semmelbrösel 38, 41, 45, 57, 71, 98, 106, 110
Sesammus 95, 138
Spinat 34, 41, 49
Süßkartoffeln 122, 134

T

Tomaten, stückig 92
Tomatenmark 53, 92, 98

Z

Zucchini 46, 91, 98, 113
Zwiebeln 30, 49, 53, 57, 92, 98, 101, 110

Bildnachweis

Shutterstock.com:

S. 10: Prostock-studio; S. 11: Ri6ka; S. 12: Oksana Kuzmina; S. 13: Elena Semina; S. 14: ice_blue; S. 17 oben: Onjira Leibe; S. 17 unten: Ana Blazic Pavlovic; S. 18: Heike Rau; S. 20: Zaneta Baranowska; S. 21: Tacar; S. 22: Akarat Phasura; S. 24: Onjira Leibe; S. 31: Daniela Baumann; S. 35: Gorenkova Evgenija; S. 36: Rui Elena; S. 39: from my point of view; S. 40: Vegan Girl, S. 43: Katarzyna Hurova; S. 44: Madhumita Sathishkumar; S. 48: Anna_Pustynnikova; S. 51: Elena Hramova; S. 61: kate_morozova; S. 62: riyantiajeng; S. 65: Wiktory; S. 66: Yulia Davidovich; S. 69: Brent Hofacker; S. 70: Moha El-Jaw; S. 73: Amallia Eka; S. 74: Elena M. Tarasova; S. 81: NoirChocolate; S. 82: Liliya Kandrashevich; S. 86: papkin; S. 90: Vincenzo De Bernardo; S. 94: Dalaifood; S. 108: rom_olik; S. 111: freeskyline; S. 112: JeniFoto; S. 123: Joanna Grabowska-Kowalska; S. 124: MShev; S. 126: Anne Stephenson; S. 128: Ivanna Pavliuk; S. 131: Mehmet Doruk Tasci; S. 135: NoirChocolate; S. 136: Shadow Inspiration; S. 139: RomanaMart

Stephanie Just:

S. 32, S. 47, 52, 55, 56, S. 77, S. 85, S. 89, S. 93, S. 99, S. 100, S. 104, S. 107, S. 115, S. 119, S. 120, S. 140, S. 142